Sternenstaub und Maulwurfshügel

Sternenstaub und Maulwurfshügel

Humoristische Gedichte

Inge Rosemann
Illustriert von Gesa Bodenstab

Bibliografische Informationen Der Deutschen Bibliothek:
Die Deutsche Bibliothek verzeichnet diese Publikation in der
Deutschen Nationalbibliografie; detaillierte bibliografische
Daten sind im Internet über http://dnb.ddb.de abrufbar.

Impressum

10., überarbeitete Aufl. 2022
Texte: © Inge Rosemann
Illustrationen: © Gesa Bodenstab
Umschlaggestaltung und Satz: Claudia Thorn
Herstellung und Verlag: BoD – Books on Demand, Norderstedt
ISBN 978-3-8334-4125-7

Inhalt

Märchen und Gruselgeschichten

Prinzessin auf der Erbse

Wer läutet draußen vor dem Tor?
Ein fremdes Fräulein steht davor!
Es zittert unterm kalten Wind
und sagt, es sei ein Königskind –
Wie könnte heimlich man am besten
die unbekannte Jungfrau testen,
ob, wie sie sagt, sie stammt zu Recht
aus einem fürstlichen Geschlecht?

Wenn man auf ihrer Lagerstätte
Matratzen aufgestapelt hätte,
dazu noch zwanzig Daunendecken
und würde – pst – darunterstecken
nur e i n e Erbse, die verborgen
dort wartet, ob sich wohl am Morgen
die Hochgestapelte beschwert, –
wär insofern der Fall geklärt,

als nur die ganz erlauchte Dame
von delikater Fühlungnahme
die kleine Erbse könnte drücken
noch spürbar unter Po und Rücken,
denn wenn aufs Polster sie geschmiegt
bemerken würde, wie es pikt,
wär ihre Herkunft zwar geklärt,
jedoch – gerade umgekehrt!

Als man am Morgen wollt erkunden
wie sie sich hätt zur Nacht befunden,
hat sie den Fragenden verschwiegen
ihr so fatal bepikstes Liegen –
vielmehr für einen Hof erzogen
gleich alle lächelnd angelogen,
dass sie ganz himmlisch wolkenweich
gebettet worden wär – obgleich

sie müsste ihre blauen Flecken
mit Schleier und Gewand bedecken –
Will man es wirklich wissen, tu
man ihr drei Erbsen in den Schuh!
Wenn sie dann nach des Hofes Sitte
gleich einer Fee noch schwebend schritte,
die Lady so untadelig
wär auserlesen adelig.

Münchhausen

Im Fernsehen wurde interviewt
ein Herr Professor – so weit, so gut –
Er sprach vom Dachs und wie dieses Tier
lebt und jagt in seinem Revier.
Anschaulich sprach er, geläufig und frei
mit heiserer Stimme fauchend, wobei
der Redner allmählich bebartete sich
rings um die Zähne ganz unheimlich.
Der Mund und die Kiefer, sie schoben sich vor,
es stieg aus der Seite ein pelziges Ohr,

und überall wuchsen ihm haarige Stoppeln,
er knurrte und bellte und fing an zu hoppeln,
und dann hüpfte er mit fliegendem Satz
aus dem Bild zu dem ihm sich bietenden Platz
auf meinem Schoß – wo wirklich possierlich
er hob die Pfötchen zärtlich und zierlich –
Ich konnte mit beiden Händen ihn fassen
am wolligen Bauch
und glaube jetzt auch
an sämtliche fliegenden Untertassen.

Stellenwert

Einladend grüßte aus dem Haus
ein Lämpchen in die Nacht hinaus,
als es ein Nordwind, der da blies,
aus seiner Heimstatt stürmisch stieß,
worauf es mit Naturgewalt
schoss durch die Lüfte dergestalt,
dass es vom Windstoß abgesetzt
noch funkelnd und ganz unverletzt
sich fand als Irrlicht überm Sumpf
auf finster faulem Weidenstumpf,

um in Morast versunkenen Seelen
schwach als ein letzter Schein zu schwelen.
Das Lichtlein, dem es unbehaust
im Leeren vor sich selber graust,
führt jetzt statt festlich zum Empfang
den Wanderer in den Untergang,
indem die nur kraft Luftbewegung
veranlasste Standortverlegung
durch Änderung im Stellenwert
Glück in Verderben hat verkehrt.

Froschkönig

Wer hockt da wie ein Plumpsack dick
auf plattem Fuß in Schlamm und Schlick?
Wer glotzt so grell im Hinterhalt
als Mondgesicht und Missgestalt?
Es ist der Frosch. – Wie ein Prolet
hat er den breiten Bauch gebläht,
wobei dem garstigen Gesellen
die Augen aus dem Kopfe quellen,

wenn er die Fliegen, schwarz und fett,
vom Uferrand beobachtet,
worauf er sie im Sprung geduckt
fängt in der Luft und runterschluckt
und wieder lauert am Gewässer
als sportlicher Insektenfresser.
Erblickt er dann zur Sommerzeit
der Fröschin volle Leiblichkeit,

bläst er sich auf zum Bräutigam,
der plätschernd seine Froschmadam
umschwärmt mit einem nächtelang
anschwellend kehligen Gesang,
bis in verliebten Abenteuern
sie huckepack durchs Wasser steuern
und über mondbestrahlten Teichen
mit Perlenschnur die Flut belaichen.

– Man sagt ja wohl, dass einstmals er
als Prinz verzaubert worden wär
in diesen immer breitmäulig
herumhüpfenden Kröterich,
dem seine Diamantenketten
in Warzen sich verwandelt hätten –
Doch kröche er im Regenwetter
halb unter die Rhabarberblätter,

und wenn ganz leise es gelänge,
dass man ihn flink von hinten fänge
und wieder zu erlösen wüsste,
indem man ihn aufs Froschmaul küsste,
dann – glitschig aus der Hand geschlüpft
wär er geschwind davongehüpft
und hockte wieder irgendwo
als Majestät inkognito.

Schreckschuss

Vom Besucher fordert Etikette,
dass er nach dem Sitz auf der Toilette
seine Hände wäscht und nicht vielleicht
heimlich ohne Reinigung entweicht –
vielmehr bis aus glänzendem Metall
zischt ein dienstbereiter Wasserfall,
drehe kräftig den gekerbten Knauf
wie es sich gehört, kurz rechtsrum auf!

Wird man aber, um sich einzuseifen,
zuversichtlich diesen Hahn ergreifen,
steht man da und muss verdrossen warten,
wann er wohl gewillt ist, mal zu starten –
Doch statt dass die Fingerspitzen jetzt
würden e t - w a s wenigstens benetzt,
eisenhart und trocken schweigt verstockt
dieser Esel konsequent und bockt.

Seine Sturheit aber ist Verstellung,
denn nach unsichtbarer Wasserschwellung
hat er heimlich hinten aufgeheizt
unerwartet plötzlich seinerseits
das Kostüm mit scharfem Strahl besprüht
und den Mensch mit solchem Schwung verbrüht,
dass erschrocken dieser wiederum
dreht den Hahn in Eile linksherum -

Hilft es? - Nein. - Die Sturzflut weiter schießt
voll ins Becken, das bald überfließt,
bis sie stoppt ein rätselhafter Zauber.
Doch die Hände sind noch gar nicht sauber,
die man beide nicht genügend schnell
bot dem eruptiven Geysirquell,
und so dient die plötzliche Fontäne
mehr dem Schabernack als der Hygiene.

Zeitungslektüre

Hält ausgespannt an beiden Enden
man eine Zeitung in den Händen,
kann zauberisch zu Truggestalten
sie stumm sich auseinanderfalten,
wobei jedoch, scharf angeblickt,
sie haltlos gleich nach hinten knickt,
dann wieder steiler aufgestellt
dem Leser in die Arme fällt
und innig saugend angeschmiegt
geflügelt auf dem Herzen liegt,

wo sie zur Furie aufgebläht
bald kitzlig bis zum Hals ihm steht,
bis abgewehrt, entwindend sich
dem Zugriff nunmehr endgültig,
die Blätter rings beim Niedergleiten
sich zu des Lesers Füßen breiten,
der auf der Flucht mit jedem Schritt
ausrutschend auf Papiere tritt
und sich in Zukunft ungelesen
vom Leib hält so ein Monsterwesen.

Hausbesetzung

Dem Mensch, der etwas auf sich hält,
wird eine Zeitung zugestellt,
die ihn darüber informiert,
was draußen in der Welt passiert.
Doch wird durch immer neue Blätter
unmerklich die Gazette fetter,
bis vor der Türe aufgehäuft,
im Briefkasten, der überläuft,
auf Tischen, Sesseln, überall
verstreut als schlapper Müllabfall

sie segelt über das Parkett
und raschelt nächtlich unterm Bett,
als ob da flüsternde Dämonen
in den verstaubten Stapeln wohnen,
die sie zerfleddern und zerfetzen,
sich der Entsorgung widersetzen
und still getarnt als Druckpapier
erobern das Privatquartier –
Dem Leser hilft in solchen Fällen
nur eines: – schleunigst abbestellen!

Wetterfest

Im Garten vor dem Rosenbeet
in blühender Natur
vergnügt mit roten Bäckchen steht
die kleine Kunstfigur.

Es ist der gute Gartenzwerg,
der draußen unentwegt
mit seiner Hände Tagewerk
für uns die Landschaft pflegt.

In jedem Wetter ganz allein
wacht er mit Bart und Hut,
in Sonne oder Mondenschein,
bei Blitz und Regenflut

und schafft dort ohne Rast und Ruh –
jedoch es kränkt die Ehre,
wenn man behauptet immerzu,
dass er geschmacklos wäre!

Aus Nachbars Garten spähte man
misstrauisch durch die Hecke,
ob etwa heimlich nebenan
der Wichtel sich verstecke,

und als man dann sogar mit Schmutz
bewarf sein Wollwämslein,
gegründet ward zu seinem Schutz
der Gartenzwergverein.

Doch er steht Posten vor dem Haus
ganz unbewegt und heiter –
so'n Kerl hält jedes Wetter aus
und gräbt im Garten weiter.

Loch Ness

Aus einem nebelgrauen Land
kam unerhörte Kunde,
dass dort ein dunkler Gegenstand
vom allertiefsten Grunde
als Fabelwesen namenlos
mit Flossen unterm Bauche
aus Wasserwellen wie ein Kloß
urzeitlich fremd auftauche.

Fing man das Tier? – Bisher noch nie –
Sooft man danach fischte,
das Monster immer irgendwie
inkognito entwischte,
sodass schon bald im Ufergras
verborgen die Touristen
bei Tag und Nacht mit Kameras
es wollten überlisten –

Doch ihren Blicken schattenhaft
das Rätsel unter Wellen
entzog sich seiner Wachmannschaft
bis zum sensationellen
Auftritt im Pressesommerloch,
wo die nie existente
berühmte Schlange kläglich kroch
hervor – als Zeitungsente.

Verfolgte Unschuld

Gemächlich schwebt am Meeresgrund
die Seekuh, die mit mildem Mund
nur Wasserpflanzen freundlich frisst
und niemandem im Wege ist.

Wenn rätselhaft wie Meerjungfrauen
die Kühe aus dem Wasser schauen,
sind sie doch nur, um Luft zu kriegen,
vom Grund zutraulich aufgestiegen,

und keine lockte als Sirene
den Kurs betörter Kapitäne
durch liebesseligen Gesang
aufs Felsenriff zum Untergang -

Von diesem Tier jedoch, so zahm,
so wehrlos , weich und wundersam,
zerreißen scharfe Krokodile
in ihren Mäulern viel zu viele,

wozu die Mörder frech erklären,
dass Seekühe Dämonen wären,
um so verleumdet zu bestrafen
die hier in Wahrheit einzig Braven.

Idylle

Am Ende der bewohnten Welt
liegt sonnenwarm im Wiesenfeld
ein Dorf. – Die Stille ringsumher
kein Auto stört, kein Zugverkehr,
wo hinter Rhododendronhecken
die Strohdachhäuschen sich verstecken
und einladend zum Müßiggang
ein Grasweg führt am Zaun entlang.

Doch über diesem Märchenort
schwebt schlangengleich ein Zauberwort –
Ein Wort? – Erstaunt wird es gesichtet
auf einem Holzschild, das errichtet
frei unter Wind und allen Wettern
ein Rätsel zeigt in fremden Lettern,
das wegen des Formates fast
nicht mehr in eine Zeile passt.

Als Ortsbezeichnung vornehm lang,
doch unaussprechlich kraus im Klang,
fiel dieses Wort einst sagenhaft
durch Zufall in die Graslandschaft.
Ein Riese nämlich, der da kam,
als Maulheld in sein Mundwerk nahm
so eine Riesenportion
von o und i und Ypsilon,

die sich mit lispelnd labialen
und nüsternschnaubend gutturalen
Urlauten so im Rachen mischten
und scheußlich auf der Zunge zischten,
dass er sie schließlich ließ mit allen
Buchstaben aus den Backen fallen
auf einen Ort, der unbenannt
zierlich vor seinen Zehen stand.

Aus dem Salat so ungeschlacht
die Einwohner in Anbetracht,
dass sichtbar aus dem Himmel ihnen
die Schriftzeichen gesendet schienen,
gleich bastelten geschmeichelt sich
daraus den wenig zweckdienlich
und allerseits kaum einprägsamen
unpraktikablen Ortschaftsnamen,
den aufgebläht beim Adressieren
kein Mensch mehr konnte buchstabieren.

So ward die Anschrift als Ballast
postalisch bald nicht mehr erfasst
und rettete das Dorf seither
vor jeder Art von Postverkehr:
Indem man es links liegenließ,
ein letzter Hauch vom Paradies
still sonnenblumenzaunumsäumt
noch ungestört dort weiterträumt,
und niemand mehr ist dagewesen,
den Namen auf dem Schild zu lesen:

Llynfairpwllgwyngyllgogerychwyrndrobwillllantysiliogogogoch

Psychologie

Es ruht die Sphinx im Wüstensande
wie eine stumme Zauberin,
dass keiner war bisher imstande,
zu deuten den geheimen Sinn
des Monuments. – Jedoch ein schlauer
moderner Seeleninterpret
ergründen wollte jüngst genauer
die mythische Identität:

Gelagert zwischen ihren Pfoten
in flüsternder Vertraulichkeit
belauschte er, um auszuloten
den Abgrund der Vergangenheit,
die Brust des Dämons, warum lauernd
steinernen Blickes windverweht
er unter der Perücke kauernd
als Rätsel in der Wüste steht.

Fand er in diesem Zwitterwesen
den Geist des großen Pharao?
Doch thront es über Exegesen
auf so viel höherem Niveau,
dass schwer vom Schwindel ward beschädigt
der neuzeitliche Forschergeist
und so zuletzt total erledigt
der arme Mann ist abgereist.

Gespenstergeflüster

Was knostert auf der Trapp so fluh?
Was schrappt und zistelt immerzu?
Was pfitzt und pfatzt, was knisterknatzt
und wuselt, bis der Eubel platzt?

Oh schwöge doch, du Plapperpappel,
du drolle Matz und fröger Zappel,
du Zwöllebauch, du Dikkeldaus
und spitzgeschwänzte Zwirrlimaus!

Annäherung

Der Fliegenpilz steht stumm im Wald.
In königlicher Prachtgestalt
verschmäht er jede Tarnung.
Auf steifem Fuße leuchtend ruht
sein zauberischer Zwergenhut
für jedermann zur Warnung!

So blitzt er aus dem Unterholz
abweisend wie ein Hagestolz
mit purpurroter Krone,
jedoch als wäre er verhext,
glänzt er von oben weiß bekleckst
zwar prächtig, aber ohne

dass irgendeiner würde ihm
sich nähern irgendwie intim
bei seines Leibes Funkeln –
sofern nicht – eventuell – wer weiß
– vielleicht doch irgendwann ganz leis
mal in der Nacht im Dunkeln?

Emanzipation

Einen Koffer ganz korrekt
hat man als Transportobjekt
und soliden Gegenstand
mit der Bahn nach Ulm gesandt.
Aber voller Eigensinn
– fährt er nach Hannover hin!
Schweigend und mit Schwergewicht
lederfaltig von Gesicht
stellt er sich in dem Verkehr
auf dem Bahnhof extra quer,

um vom Publikum betrachtet
als Begleitgepäck erachtet
seinerseits durch Widersetzung
gegen solche Unterschätzung
standhaft allen zu beweisen,
dass auf vorbestimmten Gleisen
Koffer, wie sie früher waren,
heut nicht mehr gehorsam fahren,
vielmehr auch modern mobil
frei nach selbstbestimmtem Ziel.

Tagträumereien

Ich wollte, ich wär adelig
und wünsche mir, ich hätte
als Zofe ganz allein für mich
die Mademoiselle Babette.

Die seidenen Gardinen
zieht sie frühmorgens auf –
vom Sonnenlicht beschienen
beginnt mein Tageslauf.

Sie bringt die neuste Zeitung,
eh ich vom Schlaf aufsteh,
in feinster Zubereitung
Orangenblütentee

mit Zimt und Zuckerplätzchen
und goldenen Pampelmusen,
dazu mein Miezekätzchen
ganz allerliebst zum Schmusen.

Das Kleid auf Fingerspitzen
reicht mir Babette zu.
Dann will zu Pferd ich sitzen
in einem Silberschuh

und übers Land hin reiten
mit wehendem Federhut:
Da grüßt von allen Seiten
mich fürstlicher Tribut,

denn ich bin eine Königin –
doch heut noch unerkannt
das Fräulein Schmidt, die Packerin
beim Warenhausversand.

Tiere – menschlich gesehen

Schlankheitskur

Das Nilpferd Hippopotama
saß satt im Sumpf von Afrika
von Kopf bis Fuß so prachtvoll fett,
dass es sich schrecklich schämen tät
und wegen diesem Seelenschmerz
wie rasend rollte rückenwärts,
schlug mit dem Schwanz und hat geheult
und fühlte sich so ausgebeult,
so dick und drall und klotzig schwer,
dass es aß niemals Pudding mehr

und auch nicht sonntags ausnahmsweise
ein Zungenspitzchen Festtagsspeise.
Stattdessen zupfte es nur Krümchen
vom federleichten Pusteblümchen.
Doch weil nicht jede Pfundsfigur
verträgt so eine Pferdekur,
verfiel bald wenig vorteilhaft
des Leibes königliche Kraft
dem streng und ständig konsequent
abnehmenden Diätpatient.

Als es auf seine Beine kroch,
da war das Tier zwar schlank, jedoch
das Fell, das blieb erhalten
und hing in losen Falten
lang ums Gesicht und schlotternd auch
am Doppelzentnerhängebauch,
sodass es nun erblickte sich
am ganzen Körper runzelig!
Wie hat es da vor Wut gefaucht,
ist in dem Teiche tiefgetaucht,

wo es sich ganz mit Schlamm bedeckte
und im Papyrossumpf versteckte –
Kein Partner hätte es begehrt,
so schwach und elend abgezehrt!
Ach! – wie es früher tänzelte
und gutgelaunt scharwenzelte
mit Schwanz und Schleifchen so graziös
verführerisch voluminös!
Wohl war es damals feist und fett,
doch frisch und faltenlos adrett.

Wie glänzte schwellend glatt und geil
das dekorierte Hinterteil,
wenn es in seiner blanken Blöße
und überwältigenden Größe
verwegen hat von hintenrum
sich präsentiert dem Publikum!
– Nun aber in der schönsten Fülle
hing grau verwelkt nur noch die Hülle
mit eingeschnurrter Kernsubstanz,
worauf am Ende als Bilanz

entwich dem längst entleerten Bauche
betrübt mit einem wehen Hauche
beim plötzlichen Zusammensturz
ein diätetisch dünner Furz –
und jedem, der sich so kasteit,
wird dies Finale prophezeit,
dass er liegt auf der Erde da
entseelt wie Hippopotama
als Opfer einer mit der Zeit
selbstmörderischen Eitelkeit.

Relativ

Der alte Uhu sitzt im Wald
nachts im Gezweig der Fichte
auf einem Aste festgekrallt
mit grämlichem Gesichte.
Und wie er schaut so tiefgebückt
starräugig wie die Eulen,
fühlt er sich innerlich bedrückt
und deprimiert zum Heulen.

Er kann nur Spinne oder Maus,
kein Stern am Himmel sehen,
es sieht die Welt ihm danach aus,
als wollt sie untergehen.
– Ein Eichhorn aus dem Neste schlüpft
im ersten Morgenlichte,
das zierlich auf den Zweigen hüpft
von ganz derselben Fichte.

Mit Pfötchen und mit Wuschelschwanz
springts munter auf die Wiese
und fühlt im frischen Gras sich ganz
als wärs im Paradiese -
So kommt es eben darauf an,
wenn man die Welt betrachtet,
wie, wo, warum und welcher wann
sie preist oder verachtet.

Image

Ein Krokodil einst sehr verdross
der üble Ruf, den es genoss:
Man flüsterte, es wär unmäßig
und unchristlich fatal gefräßig –
worauf es reuig sich bekehrte
und sparsam fortan nur verzehrte

mit Vorsicht zum Diätfrühstücke
die Flügelspitze einer Mücke,
dazu ganz ohne Fett und fad
den wässrig faulen Sumpfsalat.
Bald bäuchlings faltig abgespeckt,
von einem Schürzchen keusch bedeckt,

gesenkten Hauptes brüderlich
es in die Bibelstunde schlich,
kroch anderntags zur Nachbarin
mit einem Maul voll Veilchen hin,
wo es in small talk zierlich zahm
an der Familie Anteil nahm.

- Doch fühlte so manierlich jetzt
das Tier sich etwa mehr geschätzt?
Ach nein! – Denn es bedachte nicht,
dass ihm im lächelnden Gesicht
für jeden Kunden offenbar
groß das Gebiss gewachsen war.

Endgültige Bekehrung

Gefährlich sind die Krokodile –
doch zwei der bissigsten Reptile
tun Buße, seit sie vorbildlich
der Fleischeslust enthalten sich.
Nach heiligmäßiger Bekehrung
zur vegetarischen Ernährung
sind nach dem lebenslangen Morden
die Bestien nun fromm geworden.
Sie schlürfen nur zum Dejeuner
ein Maul voll matschiges Püree
aus Entengrütze oder Gras
als weißbauchige Omamas
und lagern unbeweglich faul
mit greulich aufgerissenem Maul

an einem Fluß – zu dösen stille
mit halbgeschlossener Pupille
und schläfrig träumerischem Blick
beim Sonnenbad im Uferschlick.
Nur manchmal noch zum Zeitvertreib,
da stemmen sie den Schuppenleib
und machen drohend in der Pfütze
aus Langeweile Liegestütze,
um, ehe sie sich wieder ducken,
das Panorama zu begucken.
– Längst haben die jetzt friedlich zahmen
beim Kriechen kreuz- und lendenlahmen
verrunzelten Alligatoren
den letzten scharfen Zahn verloren –

Die Gefährtin

Was ist denn das? – Ein schwarzer Punkt, der fliegt,
der an der Decke hängt , kaum zwei Gramm wiegt,
mit Riesenaugen schaut und seinen Rüssel
zum Naschen tunkt in jede Küchenschüssel?
Es ist die Fliege, welche überall
beim Menschen wohnt in Küche, Haus und Stall.
Er liebt sie nicht, doch folgt sie jederzeit
ihm anhänglich mit Unbelehrbarkeit.
Denn wenn ein Mensch sich irgendwo ernährt,
wird sie bereits im Anflug abgewehrt.
Sie möchte, ihrer Kleinheit angemessen,
ein Tröpfchen nur von seiner Mahlzeit essen,
doch sie ist schmutzig an den flinken feinen
geschwinden schwarz gestelzten Fliegenbeinen –

denkt sich der Mensch – die Fliege aber nicht
und naht mit immer neuer Zuversicht.
Sobald der Mensch dann Mittagsruhe hält,
ist es die Fliege, die sich ihm gesellt,
um mit den Füßchen über Mund und Nase
ihn zart zu kitzeln in der Einschlafphase.
Indem er sich dann auf die Lauer legt,
bemerkt der Mensch, wohin sie sich bewegt,
bis er das Tierchen, welches ihm vertraut,
so fürchterlich auf Bauch und Beinchen haut,
dass unversehens mit geballter Hand
bei dem Spaziergang an der Zimmerwand
es einem solchen Fliegenkillerheld
erschlagen auf der Stelle tot zu Füßen fällt.

Gleichnis

Bewundert gleitet feengleich
der Silberschwan auf einem Teich.
Wie schwerfällig muss dahingegen
er auf dem Land sich fortbewegen,
denn überm Wasserspiegel nur
macht er so blendende Figur,

dass man als Star ihn erst erkennt
in dem ihm eigenen Element,
wenn schneeweiß er die Flügel faltet –
doch schwarz und peinlich missgestaltet
verbirgt beim Paddeln unsichtbar
als Majestät sein Plattfußpaar.

Staunenswert

Wie ein Wunder der Natur
scheint der Bauplan der Figur,
welcher Pferd und Kuh zum Fressen
hat den Hals so zugemessen,
dass bis zur gewünschten Speise
ihnen zentimeterweise

nicht zu lang und nicht zu knapp
hängt vom Rücken er herab,
um so tief, wie sie es brauchen,
mit dem Maul ins Gras zu tauchen,
wo die Mahlzeit ganz direkt
wächst wie frisch für sie gedeckt.

Einseitig

Gewichtig wandert übers Land
als Grandseigneur ein Elefant,
wo der Erscheinung von Format
begeistert Fräulein Fliege naht,
die ihn, wie er gelassen schreitet,
zudringlich auf dem Weg begleitet.
Vor ihrem Ansturm hält verdrossen
er seine Lider halb geschlossen,

worauf sie aber unbeirrt
noch aufgeregter ihn umschwirrt.
Mit Riesenaugen glühend glotzend
hat sie mit Rüsselmund schmarotzend
auf seine Stirn wie selbstvergessen
den Herrn geküsst – doch ohne dessen
umsonst von der zu leichten Dame
keck provozierten Kenntnisnahme.

Elefant im Porzellanladen

Ob der Barbar als Grobian
im Laden gleich zerschmisse
die hoch mit teurem Porzellan
gestapelte Kulisse?
Jedoch wer unbedacht so spricht,
soll seine Zunge zähmen –
Monsieur zeigt selbst als Schwergewicht
vorzügliches Benehmen:

Er käme zwar auf großem Fuß,
doch sacht gesetzten Tritten
wiegenden Haupts mit Freundschaftsgruß
in das Geschäft geschritten.
Sein Schwänzchen schwenkend hin und her
vergnügt, doch äußerst achtsam,
verbeugte ganz gelassen er
sich ruhig und bedachtsam,

bis nach dem Rundgang feierlich
mit Würde und gemessen
er wiederum entfernte sich
aufs artigste – indessen
die Neider, die den Kavalier
seines Formates wegen
sprichwörtlich als ein Trampeltier
frech zu verleumden pflegen,

könnt er beleidigt voller Groll
zertrampeln und zertreten –
jedoch hebt er nur rücksichtsvoll
den Rüssel zum Trompeten,
dass sie ihm, wenn er weitergeht,
nicht vor den Füßen stehen,
wo sie die hohe Majestät
würd völlig übersehen.

Halb so schlimm

Ein Elefant blamierte sich
einstmals nur ganz geringfügig
und gab sich eine kleine Blöße –
doch war sie groß bei seiner Größe,
weshalb am liebsten gänzlich er
im Erdboden versunken wär!
Wenngleich erheblich von Gewicht,
bot sich ihm dieser Ausweg nicht,
obwohl das Tier in seiner Schmach
von Gram gebeugt zusammenbrach

und mit verzweifelter Gebärde
sich weinend wälzte auf der Erde.
– Dem Büßer aber mit der Zeit
schwand das Gefühl der Peinlichkeit,
bis er beschämt zwar, doch gottlob
gelassen wieder sich erhob
und fuderweise nicht gering
zufrieden an zu fressen fing:
Verlegenheiten, die vergehen,
kann man nur standhaft überstehen.

Unvereinbar

Von Ringelnatz wurde dem Elefant
eine Qualle empfohlen zum Ehestand.
Jedoch am ganzen Leibe bleich,
längst runzelig und wässrig weich
erschien die Braut so flach bebrüstet,
dass artig, aber schwach gelüstet
der Freier sprach: „Wir wollen es lassen,
weil wir nicht schicklich zusammenpassen –"

und ging, um seine gemächlichen, dicken
elefantösen Kühe zu fi –
Als das jedoch die Qualle hörte,
aufs sittsamste sie sich empörte,
bestreute ringsum sorgfältig
mit zartem Sand die Nacktheit sich
und ist dann ganz in Frieden
vertrocknet und verschieden.

(s. hierzu: Joachim Ringelnatz, Kindergedicht „Tante Qualle und der Elefant")

Zarte Schönheit

In Feenschleiern schillernd bunt
senken sich und heben
Wesen über wiegendem Grund,
die lautlos langsam schweben.
Sie sehen und sie hören nicht
in ihrer Schattenwelt,
wohin von unserm Tageslicht
nur schwach ein Schimmer fällt.

Sie gehen oder stehen nie –
auf leicht bewegter Fahrt
im Wimpernschlage schaukeln sie
wie Träume zauberzart
und neigen sich und tanzen stumm
ganz ohne Schritt und Schuhe
in einem Schleier ringsherum
mit würdevoller Ruhe.

Und dieses ausgespannte Kleid,
das blau und rosa leuchtet,
umweht sie seidig glockenweit,
stets wellenkühl befeuchtet.
– So damenhaft und elegant
kann weniger gefallen
der Name, den man für sie fand.
Man nennt sie nämlich: Quallen!

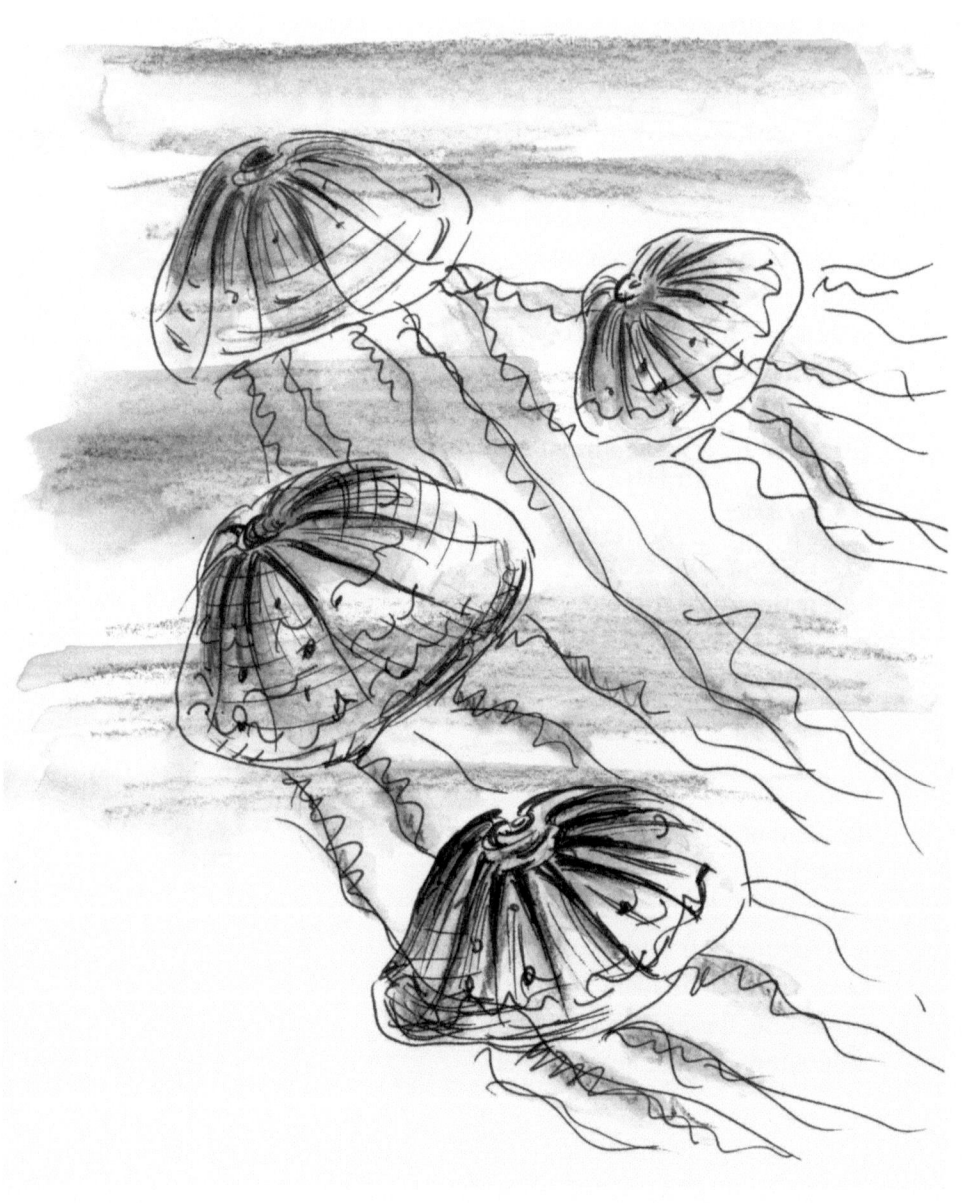

Philosophisch

Es war einmal ein kluger Hund
mit langen Zottelohren,
der tiefer sah der Dinge Grund
als manche Professoren.

Du fragst mich wohl, warum man spricht,
er wär so klug gewesen –
geredet hat der Hund ja nicht
und auch kein Buch gelesen.

Er ging in einem schwarzen Fell
mit höflichen Manieren
und ohne hündisches Gebell
gedankenvoll spazieren,

und wie gelassen ehedem
Diogenes in der Tonne,
lag auch der brave Hund bequem
am liebsten in der Sonne

auf seinem Bauche andächtig
und war mit dem zufrieden,
was einem Hund wie ihm an sich
auf Erden ist beschieden.

Er grüßte mit der Pfote kühl,
wenn ihn besuchen kamen
verführerisch voll Mitgefühl
besorgte Hundedamen

und knurrte, dass ers lieber hätt,
sie würden weitergehen,
anstatt ihm ständig so kokett
vorm Sonnenlicht zu stehen.

Verborgene Feinde

Sogar die Kinder hören schon
vom listigen Chamäleon.
Es färbt nach der Umgebung sich,
und mit der Zunge kleberig
fängt es geduckt im Blätterwald
die Beute aus dem Hinterhalt –

Wohl mancher Mensch zeigt insoweit
mit diesem Tiere Ähnlichkeit,
als er ist ständig auf dem Sprunge,
dass hinterhältig seine Zunge
aus freundlich lächelndem Gesicht
sein Opfer mit Verleumdung sticht.

Arbeitslos (Nach einer Zeitungsnotiz)

Die Störchin schritt zum Froschpicknick
im Wiesengrund. – Mit scharfem Blick
sah sie vergessene Golfsportbälle,
dass mütterlich gleich auf der Stelle
sie senkte sich gerührt ins Gras,
wo der Attrappe sie aufsaß,
bebrütend bis zum Steinerweichen
die teilnahmslosen Plastikeichen,
so ungeeignet als Objekt,
wie wohl ein Scheck, der ungedeckt

insofern zu vergleichen wäre
der aufgesessenen Brutmisere.
– Der Storch wird weniger bestellt,
seit die Geburtenrate fällt,
sodass sogar Frau Adebar,
die früher so beschäftigt war
mit dem Transport von Babyflyern,
jetzt sitzen bleibt auf leeren Eiern
als arbeitslose, flügellahme
verabschiedete Zustelldame.

Konflikt

Ein Zebra einst verliebte sich
in einen Esel missbräuchlich,
woraus hervorging die Mixtur
des Zebresels als Witzfigur,
der seinerseits dann demgemäß
unschlüssig stand, ob dem Gesäß
in grau anstatt schwarz-weiß gestreift,
glattschwänzig oder zopfbeschweift
er in Bezug auf das Geschlecht
sich nähern sollte artgerecht,
um dann galant so zu entscheiden:
In seinem Falle – allen beiden!

Die Lösung zwar war salomonisch,
insofern aber nur platonisch,
als Zebresels – wer weiß, weswegen –
sich niemals fortzupflanzen pflegen.
– Doch die Natur verführt zu vielen
nicht folgenlosen Liebesspielen:
Zum Beispiel hat ein stolzes Pferd
einst unter seinem Stand verkehrt
wahrscheinlich als Verwechselung
bei einem schnellen Seitensprung
zu einer kleinen Zebradame,
die dann nach solcher Fühlungnahme

infolge fremdgegangener Werbung
gemäß Gesetzen der Vererbung
als seltenes Mischlingsexemplar
ein Pfebra-Cebroid gebar:
Das Vorderteil schwarzweiß gefärbt
ward von der Mutter ihm vererbt,
vom Vater aber hinterwärts
das braune Haarkleid eines Pferds.
Mit doppelter Identität
das Tier nun als Beweis dasteht,
dass blindlings und im Überschwang
einst der Papa zur Seite sprang.

Fataler Auftritt

Einst kroch aus seinem Schneckenhaus
ganz nackedei der Schneck heraus,
worauf er ließ verlauten,
er wolle sich jetzt outen,
dass ungehemmt er seit Geburt
oft stundenlang hätt rumgehurt,
und zeigte dann ausführlich,
wie einfach und natürlich

die Schnecken alle schambefreit
sich paaren ohne Peinlichkeit,
bis plötzlich bei der Beichte
er so entblößt erbleichte
und nun auf einmal zierte sich,
dass schnell er ins Gehäuse schlich,
wo er fortan korrekter
sich hielt etwas bedeckter.

„Der unverschämte Igel"

Ein Häslein in der Höhle sitzt,
das ängstlich seine Öhrchen spitzt:
Es kommt Besuch – wer mag das sein?
Ein Igel ists – er will herein.
Das Häschen höflich geht beiseit,
und artig sitzen sie zu zweit,
bis stumm der Igel näher rückt
und spürbar seine Stacheln drückt

dem Nachbarn in das weiche Fell,
dass der dem borstigen Gesell
und Störenfried mit einem Satz
macht lieber gleich freiwillig Platz –
worauf der Gast zufrieden jetzt
die Wohnung dauernd hält besetzt.
- So zeigt das Ende der Geschichte
die Folgen der Bevölkerungsdichte.

(Zeichnung aus dem Nachlass von Wilhelm Busch.)

Ein Dunkelmann

Der Maulwurf, dieser Wüterich,
lebt ohne die Familie,
doch manches Mal begibt er sich
zu seiner Frau Ottilie.

Sonst aber bleibt er unsichtbar
verborgen in der Erde.
Er fürchtet sich vor der Gefahr,
dass er gesehen werde

und gräbt sich einen dunklen Gang
mit seinen Vordertatzen –
das sind zwei Schaufeln, breit und lang,
um Erde wegzukratzen.

Doch oben sieht man ganz genau,
wo diese Gänge laufen,
die Erde über seinem Bau
erhebt sich dort zu Haufen.

So hat er selber sich entdeckt,
der pelzige Geselle,
und glaubte sich so gut versteckt
an tief gegrabener Stelle

verborgen vor dem Tageslicht
im sicheren Zuhause –
die Hügel oben sieht er nicht
in erdenfeuchter Klause.

So mancher, der sich ängstlich nur
in Dunkelheit verbirgt,
hat die Entdeckung seiner Spur
selbst ebenso bewirkt.

Paradox

Als Wunder ist bekannt geworden
ein Vogel in Europas Norden,
weil er sich nämlich ganz bestimmt
nicht wie ein Vogel sonst benimmt,
denn Papageientaucher heißend
und mit gekrümmtem Schnabel beißend,
stürzt furchtlos er von oben her
kopfüber sich ins offene Meer
und fängt da immer wieder frische
beliebig viele fette Fische.

Dann wie ein Fuchs zwei Meter lang
gräbt er ins Erdreich einen Gang,
an dessen Ende krumm gebeugt
im Dunkeln er die Jungen säugt –
Das Letzte ist ja nun nicht wahr,
weil er mit Vorsicht sparsam zwar
e i n Ei nur in die Grube legt,
doch dieses Ei dann unentwegt
korrekt von oben her bebrütet
und vogelmütterlich behütet.

Der Vogel aber jedenfalls
scheint sonderbar, insofern als
tief in die Erde und die Meere
versenkt ist seine Lebenssphäre.
Er bohrt sich schwarze Löcher und
verschwindet dann im Untergrund,
obwohl durch Luft und hoch auf Zweigen
die Vögel sonst doch aufwärts steigen,
denn manchmal, wie das Beispiel lehrt,
ist eben alles umgekehrt.

Stolpersteine

Wärst du beim Spazierengehen
plötzlich vorne mit den Zehen
hoppela! – an einen großen
schlau getarnten Stein gestoßen,

den dort, dass man stolpern soll,
hat verborgen absichtsvoll
eine Kröte, die da kauert
und auf deinen Sturz jetzt lauert –

Freund, bleib standhaft! – Schau und schweige,
aber spitz im Storchgang steige
drüber, und mit festem Tritt
trete auf die Kröte: Quitt!

Der Platz an der Sonne

Ein Seehund lag der Länge lang
bequem auf einer Meersandbank.
Dicht neben ihm, da lagen auch
die andern Hunde auf dem Bauch
und sonnten mit dem ganzen Clan
gemeinsam sich im Ozean.
Der Seehund döste sanft und selig –
inzwischen stieg die Flut allmählich.

Als eine Welle näher schwappte
und ringsherum den Platz verknappte,
der Nachbar mit der Schnauze stieß
ihn grob aus seinem Paradies
und machte mit Dickfälligkeit
sich selbst an seiner Stelle breit:
So menschlich sind bei diesen Tieren
die ganz alltäglichen Manieren.

Kippelkäfer

Ein Käfer zieht des Wegs daher
und wird vom Querpassant
im Krabbelkäferkreuzverkehr
auf einmal umgerannt.

Er kippt auf seinen Buckelschild
und zeigt ein Bild der Qual:
Die Beinchen zappeln ihm wie wild,
sechs sind es an der Zahl.

Danach jedoch denkt er bei sich,
anstatt zu lamentieren –
die Sache wird sich sicherlich
von selber reparieren,

und schaukelnd zur Beruhigung
rollt er ganz von alleine
zur eigenen Verwunderung
zurück auf seine Beine.

Denn ohne Zappeln und Gebrumm
kann selbst sich richtig stellen,
was manchmal liegt verkehrtherum
hier und in anderen Fällen.

Maikäfer

Wie trug er prächtig braun befrackt
spitz an den Enden ausgezackt
als wie vom besten Schneider
mit Flügeldecken glatt lackiert
und Pinselstrichen zart verziert
die allerfeinsten Kleider,

flog fröhlich wie ein Luftballon,
bis finster er im Pappkarton
auf einem Berg von Blättern
von Kinderhand gefangen saß
und kroch und knabberte und fraß
die ganze Nacht beim Klettern.

Dann hat der Käfer rund und fett
sich vornehmstens verheiratet
und damit eingehandelt,
dass er durch diese Liaison
zum Schokoladeneibonbon
gar köstlich ward verwandelt

und sitzt jetzt als Reklame still
im Schaufenster schon seit April
und muss da salutieren
zum Osterfest geduckt und stumm
und zuckersüß und dick und dumm
in Seidenschmuckpapieren.

Unterwegs

Es wollten einst zwei Ameisen
zusammen über Land verreisen.
Sie gingen munter von zu Haus
aus ihrem Wald geradeaus,
vor Coppenrade allerdings
bei Förster Kruse mehr nach links
quer über das Kartoffelfeld
und vorwärts weiter durch die Welt,

bis östlich führte frommerweise
die fortgesetzte Wanderreise
sie schon am nächsten Donnerstag
auf eine Brücke kurz vor Prag,
worauf dann ihrer Füßchen Spur
am zweiten Mai um neunzehn Uhr
sich zeigte noch zum letzten Mal
steil auf der Spitze vom Ural.

Wie sind wohl diese Krabbeltiere
als bloße Barfußpassagiere
mit Zuversicht ununterbrochen
sogar bis Asien gekrochen?
So ein Insekt, wenn es marschiert,
nur nackt sich selber transportiert.
Ein Tautropfen genügt als Trunk,
ein Krümel Lehm zur Sättigung.

Jedoch mit Koffern oder Taschen,
mit Stock und Stiefeln und Gamaschen
sowie dem Hut gehandicapt
der Mensch sich durch das Leben schleppt –
Vorausgesetzt, er würde reisen
wie diese beiden Waldameisen,
er käme wohl auf seiner Fahrt
weit bei befreiter Lebensart.

Seelenwanderung

Unsere Kätzin liegt hier am Holunderbaume
stille schlafend in dem Raubtiertraume,
wie sie als ein Tiger schwarz und weiß gestreift
vor Millionen Jahren durch die Urzeitlandschaft schweift.

Ihre Existenz in einem früheren Leben
hat es fürchterlich gefährlich damals schon gegeben -
Jetzt steht dieses Tier im Traum und gähnt
weich gepfotet, bissig und sehr scharf gezähnt,

als es plötzlich schwarz und weiß gefleckt
unter dem Holunder selber sich entdeckt.
Selbstvergessen
hätte es sich beinah aufgefressen.

Hasenherz im Mauseloch

Friedrich spielt ein Instrument,
welches man Trompete nennt.
Er übt jeden Tag begeistert,
wie er ihren Ansatz meistert,
bläst mit steif gestemmtem Nacken,
rund und fest gespannten Backen
Schauertöne, welche stören
alle, die das plötzlich hören,
weshalb Friedrich dorthin geht,
wo die große Kirche steht.

Unterm Arm das Futteral
schreitet er durchs Hauptportal.
Aus dem Loche in der Wand,
wo sie ihre Zuflucht fand,
streckte grad die Kirchenmaus
vorsichtig ein Pfötchen raus –
und wie sie so vorgebeugt
furchtsam durch die Kirche äugt,
trifft die beiden zierlich zarten
mäusemäßig fein behaarten

Ohrenzipfel rücksichtslos
drohend ein Trompetenstoß,
dass die Maus sich so erschreckt
wieder schnell im Loch versteckt.
Die Trompete heult und schnaubt,
bis die Maus im Dunkeln glaubt,
dass mit dieser wilden Stimme
eine böse wirklich schlimme
Bestie, die Mäuse frisst,
heute in der Kirche ist.

In dem Loch ist die Gefahr
gar nicht näher nachprüfbar,
und so wird sie irgendwie
größer durch die Phantasie,
bis das Mäuschen jämmerlich
vor dem Untier fürchtet sich.
Ängstlich hockt es da auf seinen
zitterigen Hinterbeinen.
Mit den Vorderpfötchen – hu!
hält es Ohr und Augen zu.

Als der Friedrich geht nach Haus,
hüpft die Maus zum Loch heraus,
nimmt mit einem langen Satz
auf der Balustrade Platz,
schaut sich erst mal rundherum
in der leeren Kirche um,
und in Sicherheit dort oben
Schwanz und Schnäuzchen keck erhoben
zeigt sie sich als ganz furiose
Kampfnatur in Siegerpose.

Alte Kröte

Hurra, sieh da, da ist sie ja,
die Tante aus Amerika!
Kein Haar am Kopf, kein Zahn im Mund,
hält sie Diät bei knapp fünf Pfund.
Der Buckel auf dem Rücken
könnt sie beinah erdrücken,
und weil sie fast zusammenbricht,
ist grambeschwert ihr Angesicht.

Muss schlurfend durch die Stube gehen
und schwankend auf den Füßchen stehen,
kann kaum den Kopf noch halten
auf ihrem Hals voll Falten
und kriecht bekümmert, lahm und stumm
mühselig auf der Erde rum,
versteckt dann scheu und demütig
vor Angst in ihrer Kiste sich

und schmaust da von dem weichen
Schmelzhaferflockenbreichen,
geht auch auf allen Vieren
im Garten still spazieren,
wobei sie aber sich verirrt
und hinterm Zaun ergriffen wird
im Nachbarbeet auf frischer Tat
mit einem Maul voll Feldsalat.

Auch steht die Tante tiefgeduckt
gern an der Autobahn und guckt
wie halb betäubt, wenn ringsumher
sie wird umbraust vom Schnellverkehr.
- Seit Tausenden von Jahren
hat manches sie erfahren,
worüber diese fromme Kröte
nicht plaudert, dass sie nicht erröte,

vermehrt sich selbst mit Mäßigkeit,
wenn sie im Sand zur Sicherheit
vergräbt bedächtig ihr Gelege
und geht dann wieder ihrer Wege
gleichmütig mit entleertem Leib,
um als fossiles Hutzelweib
bepanzert wie in Erdurzeiten
durch die moderne Welt zu schreiten.

Rollentausch

Es saß ein Schweinchen silberhell
mit glänzend feinem Borstenfell
im Sonnenlicht, als aufmerksam
ein schlauer Fuchs vorüberkam
und sprach: „Ihr seid so weiß und rein –
so sagt mir doch, wie kann es sein,
dass Euer Name wird benutzt,
wenn sich ein Mensch mit Dreck beschmutzt?"
„Man speist mich grob im finstern Stall
aus einem Trog voll Müllabfall,

es ruht mein Leib dort ohne Klo
auf bald besudelt faulem Stroh,
zur Pflege fließt kein Tröpfchen Schlamm,
es schabt mich keines Baumes Stamm,
und so wird meine weiße Haut
- wie Menschen sagen – vollgesaut.
Jedoch es würden in dem Falle,
die Herren säßen selbst im Stalle,
statt der Beleidigung als Schwein
das Schimpfwort: – „Mensch!" – geläufig sein."

Hochmut

Man denkt, die Esel wären dumm?
Nun allerdings, zwar sind sie stumm –
doch wenn gesenkten Haupts bescheiden
sie grau gebückt im Grase weiden,
nur ab und zu beim Kräuterkauen
wie träumend in die Landschaft schauen
und friedlich ihre Schwänze schwenken,
dann schweigen sie, um nachzudenken,

denn ihr geduldig sanftes Haupt
ist so viel weiser, als man glaubt,
und wird vom Menschen, der viel schwätzt,
gedankenlos geringgeschätzt,
wenn keineswegs als Kompliment
er einen andern Esel nennt,
der, wenn er klug ist, stilleschweigt
und dem Vergleich sich würdig zeigt.

Faulheit

Aus Erdurzeiten fahl und fremd
wild zottelig und ungekämmt
das Faultier schaukelt angekrallt
an einem Ast im Tropenwald.
Als unentwegter Baumbehang
verharrt es so ein Leben lang,
wo es an seinen Pfoten hängt
und kaum ein Feind zum Fressen fängt.

Sofern es zu gegebener Zeit
wünscht fortpflanzende Tätigkeit,
ist in der Nähe diesbezüglich
gleich eine Partnerin verfüglich.
Wie lange röhren, quaken, ringen
und paradieren oder singen
die andern Kreaturen alle
in diesem allgemeinen Falle –

das Faultier pflegt sich dahingegen
nicht gleich so furchtbar aufzuregen!
Es kürzt auf seine Weise knapp
den Aufwand solcher Werbung ab,
indem es sich zur Seite schwenkt
und eine Faultierfrau bedrängt,
um schließlich in des Waldes Kronen
bequem ihr schwebend beizuwohnen.

Zum Fressen auch macht äußerst faul
ein wenig nur es auf das Maul,
mit dem es in die Blätter beißt,
bis sie ringsum sind abgespeist.
– Doch was die Leiber sonst als Rest
bald wieder hinterwärts verlässt,
dem Faultier fehlt es insoweit
an Nachschub und Ergiebigkeit,

als es nur zweimal in drei Wochen
ächzend am Stamm herabgekrochen,
mit Andacht schweigend und gemessen
sich bald entledigt alles dessen
in eine Kuhle, die es jetzt
für eine Weile hält besetzt,
um dann erleichtert zu den Zweigen
des nächsten Baumes aufzusteigen

und nach dem Abenteuer taumelnd
an seinen Krallenpfoten baumelnd
inmitten frischer Blättermengen
mit Klammergriff sich aufzuhängen.
– Da mangelt es der Darbietung
auf Dauer doch an Abwechslung,
wenn kunstvoll in der monoton
stumm präsentierten Position

es akrobatisch immer wieder
hängt aus dem Baumgeäst hernieder!
– Gib acht, Mensch, dass den ganzen Abend
vorm Fernseher gesessen habend,
du eingeschlafen nicht schon längst
dem Faultier gleich vom Sofa hängst
und bis zum Morgen durchhängst wie
dies melancholisch müde Vieh.

Stand des Menschen

Stand des Menschen

Was ist der Mensch? – Er gleicht der Qualle
in dem bedauerlichen Falle,
wenn größtenteils gefüllt mit Wasser
er wie ein ausgeleiert nasser
Sack meint zu sitzen, doch besiegt
von seiner Trägheit eher liegt
so faul und massig auf dem Stuhle
wie eine Sau in ihrer Suhle.
Mit beiden Backen unten fest
auf seinem Sitzfleisch plattgepresst,
die Atmung oberflächlich flach,
die Muskeln scheinbar altersschwach,

der Rücken schlaff, geduckt und rund,
bespeichelt sich der offene Mund,
und unterm Lid so trüb narkotisch
ist Blick und Haltung: Un – erotisch!
O Mensch! – So bildest du dir ein,
noch Gottes Ebenbild zu sein?
Hat er dich nicht als Herrn der Welt
in Freiheit aufrecht hingestellt,
vor dem die Tiere demütig
zu Wohl und Weh versammeln sich?
Besinne dich auf deinen Stand
und nimm das Zepter in die Hand!

Die Sohlen deiner Füße jetzt
auf Mutter Erde aufgesetzt!
Die Beine stellst du etwas breiter –
Kopf hoch! – Die Aussicht frei und heiter –
da streckt der Rücken selber sich
nach oben stolz und königlich!
Durchs Nasenloch in sanften Wellen
aufatmend Brust und Bauch jetzt schwellen
vom Lebenshauch so mild balsamisch,
dass sich mit Schwung erhebt dynamisch
zur vertikalen Existenz
Adam als homo sapiens.

Verschiedene Fälle

Gesetzt den Fall, es ist vor allen
Zuschauern jemand hingefallen,
sodass gestürzt nach dem Desaster
er flach liegt auf dem Straßenpflaster
als wenig würdige Figur
in peinlich platter Positur –

dann ist sein dringlichstes Bestreben,
sich schleunigst wieder zu erheben.
Enteilend mit gespannten Schritten
der Stelle, wo er ausgeglitten,
wehrt er mit beiden Händen knapp
die Hilfe der Passanten ab.

Erhobenen Hauptes zwischen Zähnen
verbeißt er seine Schmerzenstränen
und schreitet öffentlich blamiert
schnell weiter, als wär nichts passiert,
doch hält er dabei die Fassade
nach außen extra steif und grade.

Ein Kind dagegen, das verhält
sich da ganz anders, wenn es fällt:
Es ist nach einem Sturz deswegen
nicht einen Augenblick verlegen!
Als erstes heult es ganz ausführlich
und äußert damit so natürlich

in voller Stärke unverhüllt
Wut und Protest, indem es brüllt,
bleibt dann in Tränen und erschrocken
noch etwas auf der Stelle hocken
und prüft, ob sich schon irgendwie
zeigt eine Schramme auf dem Knie –

Es fängt in solchem Falle dann
noch einmal laut zu heulen an,
stellt aber plötzlich von alleine
sich selber wieder auf die Beine,
um leichthin, als wär nichts geschehen,
auf seinem Wege fortzugehen.

Man trifft sich

Gelegentlich
da stell ich mich
als unbescholtene Person
mit Anstand an die Bahnstation,
wo eine mir bekannte Dame
gleich nach erfolgter Kenntnisnahme,
nachdem sie mich ins Aug gefasst,
mit würdevoll gebremster Hast

sofort sich anschickt, auszuweichen
vor dem Kontakt mit meinesgleichen.
Sie blickt in eine Richtung hin,
wo ich nun grade gar nicht bin,
auf dass ich bloß nicht – Gott bewahre –
mit ihr im Zug zusammen fahre.
Auch ich geh diesem Privileg
mit Überzeugung aus dem Weg,

bin ebenfalls und ebenso
stattdessen lieber anderswo,
sodass wir nach den beiden Seiten
gelassen auseinanderschreiten,
beachten aber heimlich ganz
genau hinlängliche Distanz,
wobei wir messerscharf vermeiden,
von fern mit Blicken uns zu schneiden.

Wie wir nun beidseits – so gesehen –
getarnt doch in Beziehung stehen,
gleicht dies Benehmen sonderbar
dem Flirt von einem Liebespaar.
– Doch will ich hiermit unterschreiben,
dass wir bewährte Feinde bleiben!
In diesem Sinne grüßt die Dame
stets abgeneigt: (Personenname).

Man sieht sich

Zwei Damen konnten sich nicht leiden –
warum? – Was fehlte denn den beiden?
Falls einmal – wehe! – denkt euch – wenn
sie etwa sich begegneten,
mit abgewendetem Gesicht
gleich dachten sie: „Die grüßt mich nicht!",
und zischten wütend wie Hyänen
mit fest zusamm – gebiss – nen Zähnen

bei jedem Treffen voller Groll
vorüber stumm und hoheitsvoll,
obwohl bereinigt worden wäre
die ganze schwüle Atmosphäre,
wenn eine mal das Schweigen bräche,
als erste einen Gruß aussspräche –
doch bis ans Ende ihrer Tage
kommt das natürlich nicht infrage!

Wünsche

Haar, das glatt wie Schnittlauch sprießt,
manche Dame so verdrießt,
dass sie mit Geduld und Geld
überm Kopf sich dauerwellt.
Doch wenn zärtlich schon Natur
kräuselte die Haarfrisur,
dass die Härchen alle wollen
sich von selbst zu Locken rollen,
werden sie wie plattgeplättet
scharf im Schnitt betongeglättet,

affenpopogeil getönt
und mit Strähnchen noch verschönt!
Solche künstliche Verzierung
fordert bald schon Renovierung
von des Fachmanns teuren Händen –
Wozu Zeit und Geld verschwenden?
Warum sollte man begehren,
was die Gene nicht gewähren?
Schöner ist es, wie es ist,
wenn du bleibst, so wie du bist.

Der Lauf der Welt

Geduldig liegt in jedem Bad
die Seife, dass geschmeidig glatt
auf Wunsch sie willig mit Routine
dort jeden Gast sogleich bediene,
sobald entblößt er und beschmutzt
das Stück befeuchtet und benutzt.
Es wird dann schweigend gleich mit ihm
aufs Überschäumenste intim.
Den Leib behauchend samt Abdomen
mit süß balsamischen Aromen

von Veilchen oder Hyazinthen
bestreicht es ihn von vorn und hinten,
bis er mit Feenduft gesegnet
frei und erfrischt der Welt begegnet –
– Doch reibt die Seife sich im Lauf
der Zeit bei solchem Service auf,
und ist sie pünktlich so erlesen
der Kundschaft stets zu Dienst gewesen,
wird durch ein neues Stück zuletzt
die Hingeschwundene ersetzt.

Am Hafen

Schon mancher sich erschrocken hat,
die alte Uhr zu sehen –
ein Zeiger auf dem Zifferblatt
pflegt immer vorzugehen!

Und weil er stets so eilig geht
auf seinem großen Kreise,
glaubt man, es wäre längst zu spät
zur Abfahrt für die Reise –

Wenn sich der Passagier beschwert
mit dringendem Appelle:
„Ist nichts zu machen!" – wird erklärt
von zuständiger Stelle.

So tickt die Uhr schon manches Jahr
trotz murrender Proteste
im falschen Takt unangreifbar
auf steinernem Podeste

verrostet, aber starr aus Stahl –
wie auch bei andern Sachen
man trotz Beschwerden und Skandal
kann leider gar nichts machen!

Falsche Zuversicht?

Es schäumt und braust das Meer von Norden –
zur Sturmflut ist es nachts geworden.
Der Wind jagt unter Wolken her
das aufgewühlte, wilde Meer,
bis es vom Ufer bald vielleicht
mit jeder Welle näher schleicht.

Ganz Deutschland betet unentwegt,
dass sich der Sturm zur Ruhe legt –
doch donnernd überm Ozean
verstärkt sich der Nordwestorkan,
und gleich, wenn er die Richtung wendet,
wird es als Eilnachricht gesendet.

Fühlt jetzt am Strand der Badegast
sich ebenfalls von Furcht erfasst?
Doch pflegt gemütlich er stattdessen
sein Frühstück sorgenlos zu essen:
Zehn Schritt entfernt von Wassernot
tropft er sich Honig auf das Brot.

Vielleicht sind wir auf Erden alle
gemeinsam in der gleichen Falle
und halten es ganz unbeschwert
nicht weiter für beachtenswert,
dass hinterm Rücken schon sich zeigen
die Fluten, welche aufwärtssteigen –

Kneipp-Kur

Neulich bin ich, wie Du weißt,
nach Amerika gereist,
vorher im Hotel in Norden
abendlich bewirtet worden.
Pünktlich morgens früh nach Plan
fuhr die Deutsche Bundesbahn.
Als ich aber kurz nach vier
steh mit Koffern vorm Quartier,

seh ich in der Türe, dass
überflutend blasig nass
aus den Wolken überall
prasselnd wie ein Wasserfall
über aufgeweichten Wegen
rauscht ein ungeheurer Regen!
Ohne dass die Schuh mich schützen,
trete ich in tiefe Pfützen,

und mein Knie befördert mich
dabei wenig fortschrittlich,
denn es hängt in seiner Hose
lahm infolge Früharthrose.
Ohne Schirm und ohne Hut
nächtlich wenig ausgeruht,
lauern Schnupfenvorgefühle
drohend in der Morgenkühle,

und als einzigem Passant
spritzen Autos mir rasant
in Fontänen immer nasser
Kopf und Kragen voller Wasser.
An der Kreuzung, schwach beleuchtet,
durch die Brille dunstbefeuchtet
zeigt kein Schild, nach welcher Seite
ich in Richtung Bahnhof schreite -

dass ich fast zwei Kilometer
gradeaus geh. - Es wird später –
Schließlich lauf ich, weil ich muss,
keuchend durch den Regenguss,
bis ich endlich in der Nähe
einen Bahnhof vor mir sehe,
wo man mich zu allerletzt
hat noch in den Zug gesetzt -

Schnupfen und das steife Knie
waren aber irgendwie
zauberleicht mit einem Mal
weg - und nach dem Fahrtsignal
und dem Marsch in Angst und Eile
fand ich meinerseits mich heile
und bis auf die Haut durchnässt
wetterfest nach Härtetest.

Heim und Garten

Untergang des Abendlandes

Palmström mocht zum Naseputzen
nicht sein Schnupftuch mehr benutzen,
als er das darauf gestickte
Bild von einem Mensch erblickte.
Heute würde man indes
ungeniert beschneuzen es:
Mit bedruckten Klopapieren,
welche Klassik präsentieren,

pflastert man doch glatt als Witz
Lesern auf dem Brillensitz
nach Lektüre überm Klo
Poesie auf den Popo,
bis beim Rauschen der Toilette
die versinkenden Sonette
sind entsorgt als Restbestand
der Kultur vom Abendland.

(Tatsächlich gibt es Toilettenpapier
mit gedruckten Gedichten!)

Stellungswechsel

Zwei Pantoffeln standen und verstaubten
unter einer Bettstatt abgestellt,
während sie noch immer heimlich glaubten
an den Aufbruch in die große Welt.
Auf dem Rücken kräuselten sich Flusen,
schon ging die ergraute Wolle aus –
und man warf die träumenden Transusen
auf den Abfallhaufen vor dem Haus,

als durch diesen Riesennasenstüber
plötzlich aus der Illusion erwacht,
sie herunter purzelten kopfüber,
von dem Rausschmiss mal auf Trab gebracht.
– Bleibe nicht auf einer Stelle hocken!
Willst du weiterkommen, gehe mit
eigener Kraft, und mach dich auf die Socken
ohne eines fremden Fußes Tritt!

Haushund

Wie die Sphinx liegt alle Tage
bäuchlings in bequemer Lage
Hermann auf dem Schreibtisch hier
aufmerksam dicht neben mir.
Denn so heißt der rücksichtsvolle
Häkelhund aus weicher Wolle,
den ich einst als Freundschaftsgabe
zum Geschenk erhalten habe

und des Auge buntgestickt
groß zu mir hinüberblickt.
Hermann kann mein ganzes Wesen
bis zum Grund der Seele lesen:
Alles, was ich täglich tue,
ob ich auf dem Sofa ruhe
oder sonst auf meine Art
häuslich werde offenbart,

Hermann sieht es unverwandt
vorbehaltlos tolerant,
und was immer sich ihm zeigt –
er liegt regungslos und schweigt.
– So unterscheidet vorteilhaft
der Hund sich von der Nachbarschaft,
die dauernd bei begrenzter Sicht
ausführlich über andere spricht.

Komfort

Einst im alten Engelland
ein steinern graues Kloster stand,
wo in klösterlichen Sitten
Mönche schwer zur Andacht schritten,
weil bei vorgewölbtem Bauch
Völlerei war in Gebrauch.
Außerdem ist streng historisch
nachgewiesen, hochkalorisch

tranken sie noch täglich vier
reich bemessene Liter Bier,
feiertags noch obendrein
schwungvoll einen Liter Wein,
dass im Winter ihre Fülle
schützte sie als warme Hülle,
die sie pflegten, weil eiskalt
bei dem Daueraufenthalt

ungeheizt in Klostermauern
man nur konnte überdauern,
wenn der Leib ringsum komplett
ausgepolstert war mit Fett,
das sich heut der Kälte wegen
niemand mehr braucht zuzulegen,
wenn er weniger verfroren
wohnt gewärmt von Heizungsrohren.

Zwei Herren

Zwei Herren gehen im Gespräch spazieren,
und wie sie da so diskutieren,
steckt sich der eine lang und rund
ein Zigarillo in den Mund,

woraufhin sein Begleiter spricht:
„Ich rauche ja grundsätzlich nicht –
Sie hätten auf die gleiche Art
von Ihrem Gelde viel gespart,

und reizend, wie wir vor uns sehen
dies Häuschen hier im Grünen stehen,
besäßen Sie heut auch so eins!“
Darauf der andere: „Das ist meins.“

Alle Tage wieder

Staunend nach der Postwurfsendung
fragt man sich, wer unbedingt
trotz der Materialverschwendung
immer wieder Werbung bringt?
Überall trifft man Reklame,
dass der Mensch fühlt, was ihm fehlt,
und es sich nach Einflussnahme
freiwillig zum Kaufen wählt.

Autos! – Über Zeitschriftseiten
rollen in das Landschaftsbild
blitzend die verkaufsbereiten
Wagen fett mit Firmenschild.
Lockend zeigt die Werbesendung
jedem Fernsehkonsument
unverzichtbar zur Verwendung
in dem neusten Modetrend

Lippenstifte, Bohrmaschinen,
Staubsauger und light – Diät,
Mikrowellen und Gardinen
oder Gartengrillgerät.
– Aber auch Poeten fahren
auf die Lesereisetour,
werbend für des Dichters Waren
als moderner Troubadour.

Und sofern sich zu vermählen
jemand Wunsch und Willen hat:
Was wird ihn diskret empfehlen?
Werbung übers Zeitungsblatt!
Selbst der Himmel macht Reklame,
diese Fläche war noch leer –
bis ein Bier als Firmenname
fliegt dem Flugzeug hinterher.

Vorgärten

Vor dem Haus sind wohlgepflegt
Schmuckrabatten angelegt,
doch zum Eingang rundgebogen
Zäune spitz herumgezogen,
dass nicht etwa einer trete
mit dem Absatz auf die Beete!

Selbst das kleinste Stückchen Land
wird mit Maschendraht umspannt –
Hässlich dehnt sich auch die lange
scharf gewalzte Blechbandstange
zwischen Holzpflocks, die als Zaun
böse aus der Erde schaun.

Um vorm Fußtritt es zu schützen,
kann der Zaun dem Beet nicht nützen,
weil, was er an Höhe misst,
grade mal zwei Handbreit ist,
und mit einem kleinen Schritte
steht man in des Beetes Mitte.

Diesen schmalen Streifen haben
die Besitzer umgegraben,
jedes Pflänzchen oder Kraut,
das da noch hervorgeschaut,
aus der Erde Schoß gerissen
und als Unkraut weggeschmissen.

In der Gärtnerei erhält
man Gewächse gegen Geld,
welche auf das Ödland jetzt
einzeln werden ausgesetzt,
und mit Abstand stehen so
Primelchen vorm Bungalow.

Jedes Blümchen fühlet sich
einsam und ganz widerlich
ringsherum mit Dung beschmiert,
auch noch öffentlich blamiert!
Still und welk am Stengel hängt
seine Blüte tiefgesenkt.

Gegenüber ist zu sehen
Gras auf einer Wiese stehen:
Hoch und kräftig voller Saft
ist gewachsen jeder Schaft –
streicht der Wind darüber her,
wogt die Wiese wie ein Meer,

wo die Blumen herrlich blühen
ohne menschliches Bemühen
in der Fülle wilder Arten
wie in einem Zaubergarten –
bis man gründlich mäht auch diese
allerletzte Sommerwiese.

Nachhaltig

Der Himmel selber hat gesät
in Wind und Sommerwetter
vorm Haus ein wildes Blumenbeet
voll bunter Blütenblätter.

Jedoch das Straßenaufsichtsamt
mag so etwas nicht leiden!
Es kommt, um all die Blümchen samt
und sonders abzuschneiden,

stampft dann die Erde ringsum platt,
die Ränder schnurgerade -
wenn alles seine Ordnung hat,
wächst da kein Gras mehr – schade!

Auf einer Wiese

Schon in früher Morgenluft
auf der weiten Wiese
weht ein Hauch als süßer Duft
wie im Paradiese,
während Blütenblätter bunt
zwischen Gräsern leuchten,
wo sie wird im Wiesengrund
kühler Tau befeuchten.

Bald im hellen Sonnentag
frei die Falter fliegen,
die mit leichtem Flügelschlag
sich im Winde wiegen.
– Doch auf einmal – was ist das?
Spinnenfrau und Schnecken
vor dem Brüllen überm Gras
fürchterlich erschrecken –

Was naht so gefährlich sich
auf gespitzten Krallen?
Oh weh! – Wenn dieser Wüterich
mit blitzenden Metallen
bedrohlich fängt zu heulen an,
köpft er als Mordmaschine
gleich alles, was er packen kann,
wie eine Guillotine!

Halme werden abgehackt
zu harten Stummelstielen,
dürres Erdreich liegt nun nackt,
wo Blatt und Blüten fielen
in grausiger Totalrasur
beim messerscharfen Mähen –
doch lautlos über Nacht Natur
wird wieder auferstehen.

Nachbarn

Zartgezähnt und flaumbehaart
steht vor meiner Tür apart
eine Distel, blaubeblütet,
welche Ein- und Ausgang hütet.
Aber dann mit einer Hacke
führt der Nachbar die Attacke,
kürzt mit mörderischem Schwung
mir mein Blümchen bis zum Strunk.

„Unkraut!" lautet die Devise
für den Schwertstreich auf der Wiese.
- Aus der Tiefe, die versteckt
Wurzeln mit dem Erdreich deckt,
steigt ein Heer von Distelpflanzen
stolz mit scharfen Blätterlanzen –
bissig solchem Nachbarn schweigend
die gezackten Zähne zeigend.

Kollegen

Es war einmal ein Starpoet,
der einen zweiten kannte,
ihn aber aus Rivalität
niemals beim Namen nannte.

Der andere in stillem Neid
tat seinerseits desgleichen –
so ließen sie die Lebenszeit
mit Abneigung verstreichen.

Nun stehen sie im Bücherbörd,
wobei sie mit dem Rücken
noch immer schweigend und empört
sich gegenseitig drücken.

Kunst und Kritik

Kunst!

Da draußen auf der Straße steht
ein ausrangiertes Schweißgerät.
Es rostet sehr und wartet nur
auf wünschenswerte Müllabfuhr.

Stumm steht es da und ist nach Jahren
dort immer noch nicht abgefahren!
Wer weiß, was das bedeuten soll?
Es steht und schweigt geheimnisvoll.

Jedoch von allerhöchstem Stand
ein Kunstwerk ists von Künstlerhand!
Als solches wird es nun verehrt,
nachdem man wurde aufgeklärt.

Die Kunst ist rein, die Kunst ist gut,
ist schön und schwer und absolut,
und wenn sie auch noch rostig wär,
uns dann nur umso teu-e-rer.

Pop

Sanft gerundet wie ein Schwan
schweigend an der Autobahn
eine Badewanne stand,
die dort hilflos sich befand

mit vier Füßchen weißgewandet
auf dem Bauch wie notgelandet,
wo kein Körper kühl zum Baden
obdachlos war eingeladen.

Auf des Abhangs Böschung oben
praktischem Gebrauch enthoben,
platt von unten, rundum dick,
preisgegeben jedem Blick,

präsentierte frei im Feld
weithin sichtbar aufgestellt
dieses Möbels bleiche Blöße
edle Einfalt, stille Größe.

Als ein Kunstwerk aus Museen
stand es da und blieb so stehen
überm brausenden Verkehr
reglos, rätselhaft und – leer.

Konsumenten moderner Kunst

Auf dem Weg durch Afrika
liegen lauter Klöße da,
welche Elefanten pflegen
unverdaulich abzulegen,

als ein Abfall unterm Schwanz
von verlockender Substanz:
Wer statt Nektar lieber Mist
mit zweihundert Rüsseln frisst,

das sind die sonst lyrisch zarten
flatterhaft jetzt offenbarten
Schmetterlinge, die in Massen
auf dem Mist sich niederlassen.

Anstatt immer Honig wie
stubenreine Poesie,
speisen sie zur Abwechslung
deftig Elefantendung,

letzten Dreck noch konsumierend,
wenn sie lautlos applaudierend
flügelflatternd ringsherum
bewedeln das Misterium.

Überraschung

Neulich eine Stunde lang
wurde Frauenchorgesang
mit fast zwanzigtausend Noten
überschwänglich dargeboten
auf der Leiterin Geheiß
in Garderobe schwarz und weiß.
Schwarz und weiß? – Wie klang das fremd
einem Volk in Jeans und Hemd!

Aber auf dem Hausdachboden
fand man noch die Sommermoden,
die da in den Eichentruhen
schon seit hundert Jahren ruhen –
Als die Damen diese Blusen
wieder frei im Dienst der Musen
mit den Schleifen und den Bändern
über wehenden Gewändern

spitzenrieselnd, rüschenrauschend,
seidensanft und büstenbauschend
zeigten auf dem Podium
dem erstaunten Publikum,
wie ein Hauch von Rokoko
zirpte zärtlich irgendwo
zwischen weichen Kleiderfalten
sorgfältig bedeckt gehalten

Urgroßmutters Spieluhr leise
eine längst verklungene Weise –
Doch weil solchen Charme man jetzt
zwar verjährt, nostalgisch schätzt,
lag das modische Event
märchenhaft im Modetrend,
und durchs voll besetzte Haus
brauste donnernder Applaus.

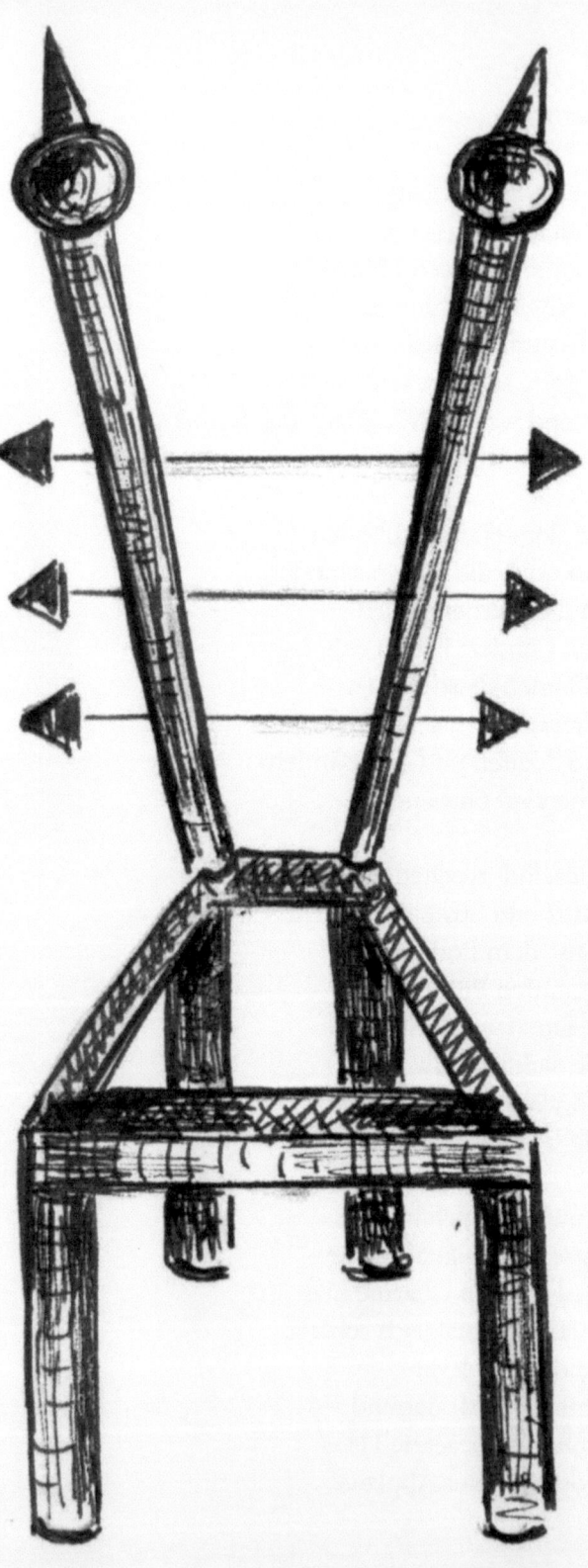

Avantgardistisch

Während einst auf Ohrensesseln
ein Gesäß saß ohne Fesseln
in die Polsterung geschmiegt,
fühlt es heut sich angepikt
auf den hochgestylt modernen
ganz gebrauchs- und praxisfernen
kreativen Crashgestühlen
mit frustrierten Sitzgefühlen –

Auf vier Balken balancierend
rutscht man ab, den Halt verlierend,
und indem die Hand voll Hast
rechts und links ins Leere fasst,
werden plötzlich ganz nach oben
Knie und Beine angehoben.
Hilflos hängt man in der Hose
wie auf Klo ins Bodenlose.

Zwischen Drähten und den Stangen
aus dem Hinterhalt umfangen
plumpst der Po dann in die Falle,
dass von ihrer Eisenkralle
er wird plötzlich furchtbar fest
viereckig in Form gepresst
und die Kunst von ihrem Kunden
als Martyrium empfunden.

Bauanleitung

Gesetzt den Fall, du fühltest Langeweile –
errichte ein Sonett, das vorläufig,
bis du es korrigierst mit Beil und Feile,
mit vierzehn Reimen ein- und zweisilbig

zweimal zu viert und dritt – in jeder Zeile
mit fünf Betonungen stets auftaktig
sei überkreuz verschränkt! – Hast du die Teile
zum Turm gestapelt – so entferne dich,

doch kehr zurück, um alles umzuschmeißen,
zerhack und feil die Klötze der Quartetts,
dann ohne Scheu, die Sätze zu zerreißen,

zerhaue auch die Zeilen der Terzetts
und glätte sie – bis du dich kannst befleißen
von Grund auf eines Neubaus des Sonetts.

Auch ein Künstler

Es gibt unter allen Tieren
Würmer, welche musizieren,
insofern als Melodisten
sie sich im Gehör einnisten,
wo sie wälzen inwendig
trällernd durch die Gänge sich
und begeistert ohne Pause
schunkeln flott im Schneckenhause,

bis die Lust pflegt abzuschwellen,
wenn bald an den schönsten Stellen
eines Hits im Übermaß
sich der Ohrwurm überfraß.
Schläft er jetzt? – Jedoch anstatt
dass er endlich wäre satt,
liegt er gierig auf der Lauer
nach dem nächsten Gassenhauer –

3. Mai 1716
Halle an der Saale
Liebfrauenkirche

Zur neuen Orgel fuhren nach
Stadt Halle zur Kontrolle
Herr Kuhnau und der große Bach
mit Christian Friedrich Rolle.
Nachdem sie hatten ernst belauscht
die Pfeifen, wie sie pfiffen,
als abwechselnd den Platz getauscht
sie in die Tasten griffen –
da haben sie dann obligat
ein vornehm fürstlich Essen
vom ehrenwerten Magistrat
mit Appetit gegessen.

Was wurde damals denn serviert
in silbernen Assietten
noch sorglos und ganz ungeniert
von Blut- und Leibesfetten?
Boeuf à la mode, so nannte sich
der Ochs am Festtagstische,
Hecht mit Sardelle, zusätzlich
dann Schinken und recht frische
Gemüse: Erbsen und Spinat,
Zichorie und gebraten
Lamm, Kalb und Kürbis und Salat
grün und mit delikaten

gewärmten Spargeln und danach
noch Kirschen und Zitronen,
mit Kuchen, heißer Butter – – ach! –
in welche Dimensionen
war wohl der Meister Bauch gebläht
nach allen diesen Speisen?
Doch aß man solche Quantität
auf Orgelprüfungsreisen
wie damals einst am dritten Mai
vor fast dreihundert Jahren,
als nach Stadt Halle sind die drei
Herrn Musiker gefahren.

Kritik I
(Nach einer Fabel von Äsop)

Ein Vater und sein Sohn einst gingen,
um einen Esel fortzubringen,
als ihnen da entgegenkam
ein Mann, den dieses wundernahm,
und staunend sprach er: „Reitet Ihr
denn nicht bequemer auf dem Tier?"

Kaum wurde auf den Esel jetzt
der Sohn vom Vater hingesetzt,
der nächste Wandersmann alsbald
ihn einen argen Faulpelz schalt:
„Lässt du den Herrn zu Fuß sich plagen
und selber dich vom Esel tragen?"

Darauf nun wechselten die Reiter
und zogen auf dem Wege weiter.
Der Vater auf dem Esel ritt,
der Knabe ihm zur Seite schritt,
als wieder ihn ein Weggefährte
mit vorwurfsvollem Blick belehrte:

„Läßt sich der Herr, um selbst zu reiten,
zu Fuß von einem Kind begleiten?",
worauf der Vater rückwärtig
den Knaben setzte hinter sich
und ward bedeutet, dass zu schwer
das arme Tier beladen wär –

Noch reiste keiner über Land,
an dem man nichts zu tadeln fand.

Kritik II

Menschen beim Spazierengehen,
die immer nach den Häufchen spähen,
welche Hunde ihnen pflegen
zierlich in den Weg zu legen,
sehen rings in der Natur
haufenweise Haufen nur,
doch darüber zwischenzeitlich
keinen Lichtblick anderweitig.
Sie schnüffeln vielmehr unentwegt,
wo noch so was wär abgelegt,
sodass sie durch die Gegend laufen
mit nichts im Kopf als Hundehaufen.

Ein Redner auf dem Podium
sprach vor geneigtem Publikum,
und während er sonst fließend sprach,
er stockte doch und unterbrach
gelegentlich der Rede Fluss –
weil man ja auch mal denken muss –
und eh in Fahrt er wieder kam,
man pausenfüllend „äh" vernahm,
woran so manche, die es hörten,
im Wiederholungsfall sich störten.
Sie zählten es den ganzen Abend,
nichts anderes vernommen habend.

Zwischen Himmel und Erde

Himmelsmärchen

Wie menschlich war der alte Mond
vom Mann im Monde einst bewohnt,
der nebelig im Silberbilde
beleuchtete so märchenmilde
mit seinem freundlichen Gesicht
als wanderndes Laternenlicht
für Kinder, Träumer und Poeten
den nächtlich dunklen Erdplaneten.

Ein Sphärenklang aus Himmelsfernen
erhob sich über Göttersternen –
im Fluge kündeten Kometen
von Krieg und Frieden als Propheten,
und gütig als geheimer Zahler
Sankt Petrus streute Sternenthaler,
wenn mit geschürztem Röckchen stand
ein Kind zu ihm emporgewandt.

Wo Wind und Wetter, alles war
für fromme Augen wunderbar,
da spähten zwischen Federflügeln
auch vorgebeugt auf Wolkenhügeln
die Engel nieder, ob von Not
vielleicht ein Wesen wär bedroht,
zu dem sie lautlos wie die Elfen
gleich niederschwebten, ihm zu helfen.

Als Brücke zum Zenit gezogen
stand zauberstill ein Regenbogen,
und aus Frau Holles Wolkenhaus
flogen die Flocken zum Fenster heraus.
- Doch seit Raketenflugverkehr
ist es im Himmel öd und leer –
die Sterne starben längst. – Stattdessen
wird oben alles aufgefressen

von schwarzen Löchern – schauderhaft
verschlingen sie die Nachbarschaft,
indem in Wirbeln furchtbar fest
zerdrückt wird und zum Punkt gepresst
der eingesogene Sternenfund
wie Müll in eines Trichters Grund –
als ob statt Paradieses Sphäre
im Himmel eine Hölle wäre.

Entrückung

Der Narwal, der schwamm einst im Meer.
Das Meer fiel trocken, und seither
der Mensch von ihm nur noch im Sand
ein Horn als stummes Rätsel fand,
zu welchem er mit Fantasie
erschuf ein Tier – doch nicht so wie
die unanständig geilen Affen
die Gott hat selber so erschaffen,

e r schuf es keusch und malte es
schneeweiß auf Pergament – indes –
es waren Mönche, die das schufen!
Auf zitternd zarten Silberhufen
stand da vor ihnen auserlesen
ein unbegreiflich sanftes Wesen:
Jungfräulich wars nicht zu verleiten
zu kleinsten Unanständigkeiten –

So konnte es auf dieser Erden
vor Heiligkeit nicht heimisch werden.
Es stieg dem Irdischen entrückt
als Einhorn mit dem Spieß geschmückt
im Sternenlicht zum Firmament
und strahlt nunmehr als Aszendent
in Ewigkeit äquatorial
als ungetrübtes Ideal.

Windige Moden

Ein Hütchen, das im Winde sich
in Pirouetten drehte,
kopfüber plötzlich taumelig
hoch in den Himmel wehte.
Ein Englein auf der Wolke saß,
das es im Fluge fasste
und keck probierte – nur zum Spaß –
ob es ihm stand und passte,

worauf die Engel ringsumher
sich auf der Stelle bückten
und aus geballtem Wolkenmeer
mit spitzen Fingern pflückten
den silberhellen Himmelsschaum,
mit dem sie sich bedeckten
und unterm Federwolkenflaum
dann ausgelassen neckten,

als kichernd voller Übermut
sie hüpften auf die Zehen,
um gegenseitig ihren Hut
bewundernd zu besehen.
– Nachdem im Himmel man vernahm
das jubelnde Gelächter,
mit hochgezogenen Brauen kam
des Paradieses Wächter:

Das war der Engel Gabriel!
In stählern blanker Rüstung
flog er zum lieben Gott pfeilschnell
mit äußerster Entrüstung
bezichtigend vorm hohen Thron
die eitlen Engelscharen
der In – sub – or – di – na – ti – on
durch albernes Gebaren!

Gottvater sprach: „Wie ehrenwert
Ihr Eures Amtes waltet,
dass Ihr mit Strenge, Helm und Schwert
die Ordnung aufrecht haltet –
doch petzt hier nicht!" – und hat erlaubt
mit väterlicher Güte,
dass über seiner Engel Haupt
sich bauschten Wolkenhüte,

die so vergänglich ohne Halt
aus Licht und Luft gesponnen
im Winde waren nur zu bald
wie Nebelhauch zerronnen.
– Ob nicht vielleicht mit Toleranz,
statt dass man Buße predigt,
manch Fall von flüchtiger Substanz
sich so von selbst erledigt?

Geisterhaft

Es fing einmal ein braver Mann
um Mitternacht zu rauchen an.
Er hatte vorher ganz korrekt
vorn die Zigarre angesteckt,
bedächtig in den Bart geschoben
und blies den Rauch entspannt nach oben.
Und als er ihm so kräuselig
um Haupt und Haare schmeichelnd strich,

gleich auf der Stelle fühlte er
sich rundherum zufriedener.
Doch alsbald wurde offenbar,
wie wenig das bekömmlich war:
Erst ward er bleich, dann zart hellblau,
danach im Umriss ungenau
und rauchte noch, als er verschwand
als vormals fester Gegenstand,

indem zuletzt er durchsichtig
als Wölkchen durch die Luft entwich.
Die Katastrophe überlebte
nur die Zigarre, die noch schwebte
samt einer Ladung Nikotin
im Raume wie ein Zeppelin –
bis sie als Rauch mit Konsequenz
beschloss auch ihre Existenz.

Schleierhaft

Wo kommt das her, was federleicht
am Boden durch die Wohnung schleicht
und – wenn man nicht dazwischenfährt,
sich überall von selbst vermehrt?
Das sammelt sich in allen Ecken,
um unterm Bett sich zu verstecken.
Wie Schleier wolkig und verschwiegen
rollt es sich da und will sich wiegen,

von jedem Luftzug sanft bewegt,
so hässlich, grau und ungepflegt,
dass jeder, wenn er so was sieht,
dagegen gleich zu Felde zieht.
Beim Kampf muss man mit beiden Händen
die lange Stange flach verwenden,
die, was sich unterm Bett verkroch,
aufheulend saugt ins schwarze Loch,

dass ihr die Flusen und die Flausen
wild flatternd in die Schnauze brausen,
und alle, die sie hat gepackt,
die werden hinten eingesackt.
Am nächsten Tage aber dann
trifft man sie ja schon wieder an,
wie Spinnweben so wesenlos –
Wo kommt das her? – Was ist das bloß?

Was sich da scheinbar rätselhaft
aus reinem Nichts von selbst erschafft,
staubstäubend sank es von den Sternen
als Hauch aus Paradiesesfernen,
denn alles, selbst der letzte Dreck
in seinem finstersten Versteck
ist – Himmelsstaub, der auf die Welt
so mild wie Puderzucker fällt.

Gelehrsamkeit

Einstmals zerbrach man sich den Kopf mit dem
als Denksport zu betrachtenden Problem,
wie viele maximal gezählte Sitze
böt vertikal wohl eine Nadelspitze
als Thron im Paradies dem hüllenlos
entblößten Plenum puttiger Popos,
falls miteinander eine Schar von Engeln
ganz ohne Puffen, Purzeln oder Drängeln

dort nähme Platz. – War der gewagte Test
– so auf den Punkt gebracht – noch bibelfest,
den grüblerisch die unaufhaltsam frommen
Scholastiker da haben vorgenommen
und Engel psalternd auf der Himmelsharfe
bedrängten hinterrücks durch kitzlich scharfe
Sophistik, womit überaus gewitzt
die Argumente waren zugespitzt

für eindringlich vertiefte Inspektionen
der Sängersitze auf den Wolkenthronen.
Jedoch vergebens ! – Wie die Englein lachten,
als sie bemerkten, was die Herren machten –
Denn Engel sind so körperlose Geister,
dass selbst ein irdisch umfangreich Besteißter
im Himmel dann erlöst von Leibeslast
glatt zwischen alle geistlichen Gesäße passt.

Starkult

Als Menschen vor Jahrhunderten
noch staunten und sich wunderten,
wenn wie Verheißung überm Land
ein heller Stern am Himmel stand,
dann glaubten sie, dass auf der Erde
bald etwas sich ereignen werde –

Vor kurzem wieder ein Komet
zog über unsern Erdplanet
als schöner Götterbote live
mit feenhaftem Silberschweif –
jedoch auf dieser Sternenfahrt
erwies sich seine Wesensart:

Hale Bopp, so wurde er genannt,
nachdem man ihn im Fernrohr fand
mitsamt dem nüchternen Beweis,
er ist ein Ball aus Dreck und Eis,
der uns als schmutziges Geschoss
zufällig ward zum Zeitgenoss.

Nachdem man hatte nun erspäht,
dass Bopp aus Sternenstaub besteht,
schien nicht mehr überirdisch sauber
sein vorher göttergleicher Zauber,
und weit entfernt erinnert dies
an die bewunderten Genies,

die als versteinerte Personen
auf ihren Denkmalsockeln thronen,
jedoch sobald man in der Nähe
die Flecken auf der Weste sähe –
wär die Verehrung abgeflaut
und bald das Denkmal abgebaut.

Der Weg ins Paradies

Die allerbeste Lebensart
das ist der Rentnerstand,
weil man sich Chefs und Ärger spart
und sonst noch allerhand.

Der Rentner und die Rentnerin
sind zwar ein bisschen alt –
jedoch es gibt ja immerhin
fürs Altern ein Gehalt.

Man lebt wie im Schlaraffenland,
und da schlägt keine Uhr.
Doch läuft die Zeit – sie läuft rasant!
Wohin? - Zum Ende nur.

Einst wurde uns ein Papst geweiht –
Mit achtundsiebzig Jahren
gebot er aller Christenheit!
Wie viele Päpste waren

schon uralt im erlauchten Amt,
doch voller Geistesstärke
verrichteten sie allesamt
die kühnsten Glaubenswerke.

Herr Adenauer war Regent
als Kanzler seinerzeit
mit siebenundachtzig permanent
noch voller Rüstigkeit.

Regierte nicht in USA
als stärkster Mann der Welt
ein Präsident als Ur-Opa,
wenn man die Jahre zählt,

und war in seinem Regiment
so very fit and fine –
soll da nicht ebenso ein Rent-
ner flott und fröhlich sein?

Denn knacken auch im Ruhestand
die Knochen und die Knies –
man lebt wie im Schlaraffenland
und dann – im Paradies.

Elevation

Wälzt keinen Klotz aus Marmorstein
auf das zerbrechliche Gebein!
Bedeckt den Leib mit Erdenkrume,
wo Wiesenhalm und Pusteblume
vom Himmel selber ausgesät
im Windhauch wieder aufwärts weht!

Denn selbst wenn man auf Menschenscheitel
türmt Pyramiden – es ist eitel –
Der Hammer klopft – aus tiefer Truhe
und der balsamisch kühlen Ruhe
hob man den starren Arrestant
als Mumie in Leinewand.

An längst vergessenen Ruheplätzen
entdeckte man mit goldenen Schätzen
Könige, die versunken lagen
in dämmerstillen Sarkophagen,
bis wieder in der Grabesgruft
Gestorbene grüßte Morgenluft,

und als aus Felsen auferstand
der Heilige im Morgenland,
verschloss der schwere Stein ihm nicht
den Schritt hinaus ins Himmelslicht,
dass über Gräbern allerorten
aufsprängen Paradiesespforten –

Vogelfrei

Mit Krallengriff und Flügelschlag
das ärmste aller Spätzchen
entdeckt am letzten Frühlingstag
noch irgendwo ein Plätzchen,

auf schwankem Zweig ein zierlich Nest
in leere Luft zu bauen,
wo einzig es als Anker fest
hält Kunst und Gottvertrauen.

Und wenn der Spatz mit Zuversicht
dort gründet die Familie,
gleicht so ein Federleichtgewicht
dem Wunder einer Lilie,

wie sie sich unbesorgt erhält
nur durch des Himmels Güte
und still erhebt auf kargem Feld
zu ihrer schönsten Blüte.

Ein Vogel kann so frei und flott
auf frischer Luft sich wiegen
und beinah bis zum lieben Gott
hoch in den Himmel fliegen –

Bei homo sapiens aber ist
die Fortbewegung teuer,
wenn er als Automobilist
geklemmt vor Stau und Steuer

in seinem Käfig in Klausur
gefesselt und gefangen
gefährlich dicht verfolgt die Spur
stinkender Autoschlangen.

Pups und Pinkel

Auf allen Wegen

Ein Hund, der auf der Straße steht
und hinten in die Hocke geht,
der hat bei dem, was er da macht,
nicht an die Polizei gedacht.
Das Auge des Gesetzes sieht
auch das, was hinterrücks geschieht:
Es schützt den Schuh, der sorglos schreitet
und das Naturprodukt verbreitet.

Betreten fühlt sich der Passant
und sucht den Weg ins freie Land,
wo das Kaninchen, wie es pflegt,
hat kleine Eier hingelegt,
und wenn man offen reden soll:
Die Wiesen sind so ziemlich voll!
Ein jeder feste Wanderschritt
der nimmt es auf und führt es mit.

Das, was im Flug die Möwe tut,
trifft Schnurrbart oder Jägerhut.
Betroffen sind in solchen Fällen
auch weibliche Bekleidungsstellen.
Von weißen Westen ist bekannt,
dass sich der Dreck am Stecken fand –
und wenn man ganz genau hinsieht,
ist überall ein bisschen Schiet!

Fernseh-Nachricht am 31.01.04:

Warm in ihren Dung verpackt
hatte eine Kuh gekackt
Diamanten, welche sie
setzte ab nicht anders wie
in dem Märchen Tischleindeckdich
jener Esel, der erklecklich
haufenweis sich so entleerte,
dass er seinem Herrn bescherte

*Ein indischer Händler
hatte einen Korb mit
Diamantensplittern zum Trocknen
in die Sonne gestellt, als eine
Kuh kam ...*

einen goldenen Schatz – indessen
hatte vorher aufgefressen
dieses Riesenrindvieh alle
unbezahlbaren Kristalle
und stand damit reichbestückt
schrill bis untern Schwanz geschmückt,
wie auch manche Menschenweiber
schmücken ihre Oberleiber,

wenn sie, wie die Damen pflegen,
Ketten um die Hälse legen,
die sie unter Ohr und Kinn
hängen zur Verzierung hin.
– So bestätigt sich aufs Neue:
Werft nicht Perlen vor die Säue
und den Kühen keinesfalls
Diamanten in den Hals!

Hinterhältig

Im großen Land Amerika
oh weh! – was macht Herr Skunk denn da,
dass jeder, der ihn kommen sieht,
sofort vor diesem Stinktier flieht?
Er schießt aus seinem Interieur
mit Schwung die Brühe voll Odeur
auf alle, die dann lebenslang
behaftet sind mit dem Gestank.

Der Skunk jedoch auf alle Fälle
hat selbst die Nase an der Quelle –
wie aber, wäre hier zu fragen,
kann den Gestank der Skunk ertragen?
Die Wahrnehmung ist relativ:
Wer stinkt, spürt kaum den eigenen Mief,
doch rümpft die Nase gleich, wenn zart
ein fremder Duft ihm ruchbar ward.

Erste Hilfe

Wenn etwas Menschliches passiert,
insofern einer flatuliert,
bremst man die Blähung vor Verbreitung
nach folgender Gebrauchsanleitung:
Ein Streichholz führt man angebrannt
vorsichtig mit der rechten Hand
leicht vorgebeugt, doch ohne Wackeln
zum Auspuff, um ihn zu befackeln,
wie man die Luft einst reinigte,
wenn sie der Bocksbebeinigte

aus seinem Schlunde höllenhauchend
und schweflig unterm Schwanze fauchend
so scharf geschwängert hatte, dass
man schwenkte schnell das Weihrauchfass,
durch Segnungen zu exorzieren
des Satans üble Stinkmanieren,
bis aufheulend vorm heiligen Dufte
mitsamt dem Schwefel, der verpuffte,
der Dämon war davongezischt
und himmlisch rings die Luft erfrischt.

Abenteuer

Die süße kleine Haselmaus
ging abends aus dem Haus heraus,
vor dem ein Schild war aufgestellt:
„Ich bin heut in der Unterwelt!"
Sie ging in einem Kleide
aus mausegrauer Seide,
die zarten Schnurrbarthaare
gebürstet und gerade
und reckte am Popo den ganz
verflixten langen Mauseschwanz,
geputzt mit Sand und Seife,
verziert mit einer Schleife.
Vorn an die Pfote, froh geschwenkt,
ihr Wandertäschchen war gehängt.

Oh weh – Wie sah das Mäuschen aus,
als es am Morgen kam nach Haus:
Gehunken und gestunken,
hat süßen Wein getrunken
und auf das Kuschelkissen
erklecklich hingeschissen
noch einen allerletzten Rest
vom fürchterlichen Teufelsfest!
So elendig besupen
fings zierlich an zu pupen,
worauf es tief ins Mäuseloch
noch zitternd vor Entsetzen kroch
und blieb zu Hause fern seither
so wüst satanischem Verkehr.

Revanche

Es ging einst eine brave Kuh
vergnügt auf allen Vieren
mit Federhut und Stöckelschuh
vor einem Schloss spazieren.

Die Leute aber sagten: „Die
macht hier für sich Reklame
und ist doch nur ein dummes Vieh
und keine feine Dame!"

Und als die Kuh da hörte das,
hob sie, als ob sie grüße,
vornehm den Schwanz und schiss etwas
den Schwätzern vor die Füße.

Unaussprechlich

Es gibt ein Wort, das den beschmutzt,
der es bedenkenlos benutzt.
Als Redewendung schlüpft es nur
verkleidet knapp durch die Zensur
und wird gleich als Naturobjekt
mit Blättern blindlings zugedeckt –
wie überhaupt – man schweigt und spricht
von dieser Art Geschäften nicht.

Obwohl die Esel, die es bauten,
oft reuevoll sich selber outen,
kommt es auch im Kanonenrohr
als Witz mit nur drei Wörtern vor,*
und wie man etwa eine Niete
bezeichnet lässig kurz als Schiete,
nennt man dagegen ganz brutal
manch Ärgernis glatt: – egal!

Die Feder würde sich wohl weigern,
den Unrat weiter noch zu steigern.
Das Wort ist allen ja bekannt,
mit Nachdruck wirds im Zorn verwandt,
denn weil man in der größten Wut
mit Absicht was Verbotenes tut:
Anstatt sich Haare auszureißen
und Teller hinterher zu schmeißen,

*Spaßige Redewendungen aus dem
vorigen Jahrhundert: „Sch.- bauen"
und: „Sch.- im Kanonenrohr"

empfiehlt sichs, dass man greifbar hätte
ein Wort, das gegen Etikette
den Anstand, der uns ständig leitet
und gängelt, auch mal überschreitet,
indem man als Ventil und nur
zur kochenden Affektabfuhr
die Grenzen im Befreiungsschritt
verbal zweisilbig übertritt.

Doch tut dem Wörtchen dringend Not
ein Widerstand als Sprechverbot!
Man tut, als ob man gar nicht kennt
das, was man nicht beim Namen nennt,
wie auch der dichtende Ästhet
als Reimwort es zuletzt verschmäht -
und wenn man fragt, wie es denn heiße,
schweig still und sage niemals . . !

Fidi

Ein Hündchen voller Straßendreck
lief ohne sich zu baden,
frühmorgens schon vergnügt und keck
entlang der Promenaden,

beschnüffelte in stop and go
die frischen Hundepfützen,
um seinen Strahl dann comme il faut
als stille Post zu spritzen,

wenn pietsch – es flink nach rechts und links
befeuchtete behände
im Publikumsgedränge rings
mit Schwung die Mauerwände.

Obwohl gebadet und geföhnt
auf parfümierten Pfoten
vornehmste Hunde preisgekrönt
zum Buhlen sich erboten,

fand Fidi mit dem Stummelschwanz
auf sprungbereiter Tatze
doch stets vor ihnen Akzeptanz
als erster Hund am Platze.

Ein feiner Hund

Wer schreitet übers Trottoir
zur Promenadenstunde?
Es ist der Pudel Waldemar,
der vornehmste der Hunde.

Er kommt gerade vom Frisör,
der hat ihn kurz geschoren –
nun ist das Hündchen etwas leer
vom Schwanz bis zu den Ohren.

Doch trägt es fesch statt Hundehaar
ein Mäntelchen aus Loden
und präsentiert wie jedes Jahr
die neusten Herrenmoden,

trinkt Himbeerzuckersaft geeist
mit Strohhalm aus der Tüte,
die Würstchen, die es zierlich beißt,
sind von der feinsten Güte.

Der Waldemar hockt nirgendwo
mit seinem Po, dem zarten:
Er hat ein parfümiertes Klo
privat im eigenen Garten.

Dicke Hunde

Mit der Brille auf den Ohren
gleichen Möpse Professoren –
grundgelehrt! – Doch dünkelhaft
liefern sie der Wissenschaft
bei dem Auftritt als Elite
haufenweise Hundeschiete!
Gott! – Was sind die Kerle faul –
knurren, runzelig ums Maul,

jeden an, wenn sie verdrossen,
Augenlider halb geschlossen,
wie die fetten Elefanten
sitzen auf den alten Tanten,
wobei sie als Schoßhund ihnen
auf dem Bauch als Kissen dienen.
Diese Herrn, statt auf Toilette
pinkeln draußen um die Wette

auf drei Beinen ohne Hose
protzig in gespreizter Pose
und beschnüffeln hinten sich
ihren Popo öffentlich,
womit aber die Karriere
Anderer erledigt wäre,
deren Anzug glatt verdeckt,
was anrüchig darunter steckt.

Herr Litfaß macht Reklame

Zur Werbung in den Weg gestellt,
dass sie sofort ins Auge fällt,
die Litfaßsäule ward benannt
nach dem, der einstmals sie erfand.
Jedoch errichtete er auch
für unaufschiebbaren Gebrauch
als öffentliche Toilette
diskrete Einzelkabinette,

worauf er nach der Aufstellung
mit amtlicher Genehmigung
auf Wand und Tür vom stillen Ort
den Werbefeldzug setzte fort,
sodass dem Kunden als Plakat
nun auflauert im Reservat
beim ersten Blick schon Kenntnisnahme
der unausweichlichen Reklame.

(Außer der Säule erfand Litfaß auch
öffentliche Toilettenhäuschen.)

Kindergedicht

Riesig als Versteinerungen
findet man bei Ausgrabungen
von der Erde zugedeckt
und seit Urzeiten versteckt

die Skelette und die Knochen
von den Echsen, die da krochen
früher einmal massenhaft
brüllend durch die Sumpflandschaft.

Alle Kinder sehen gern
solche gruseligen Herrn
und am liebsten von den Drachen
die mit einem Riesenrachen.

Ja, wo kann man sie denn sehen?
Aufrecht stehen in Museen
groß und grausig, starr und stumm
sie bestaunt vorm Publikum.

Doch im Kinderzimmer wohnen
wollen sie nach den Millionen
von den langen Wanderjahren,
als sie noch im Urwald waren.

Unbeweglich jahrelang
sitzen sie im Spielzeugschrank,
wo die dicken Saurier
werden immer staubiger.

Anstatt Bürsten zu benutzen,
um den Staub mal abzuputzen –
Zunge aus dem Maul gestreckt,
wird er einfach abgeleckt!

Zähneputzen, Nägelschneiden
mögen Dinos auch nicht leiden,
weil mit Krallen an den Tatzen
sie sich ihre Bäuche kratzen.

Doch wenn plötzlich pipapo
muss der Dino mal aufs Klo,
macht er mit Wahrscheinlichkeit
nicht nur eine Kleinigkeit –

So ein Ferkel!

Es war einst eine zierlich zahme
rundum gepflegte Schweinchendame,
die wusch mit Sorgfalt vorbildlich
frühmorgens schon von innen sich,

wenn sie mit den gespitzten Pfötchen
fraß Badeseife wie ein Brötchen
und wonnig schlürfte hinterher
wie süß berauschenden Likör

ein Fläschchen voll Parfüm. – Man roch,
wenn dieses Ferkel pupte, noch
als Wölkchen lange in der Luft
den lieblichsten Lavendelduft.

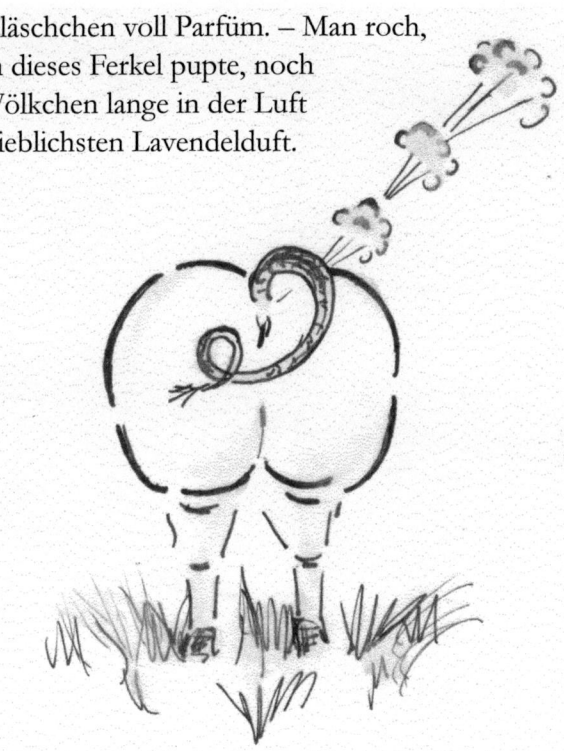

So was!

Mitten in die Stube scheißt
eine Dame. – Nackt und dreist
pflegt sie aus den Hinterbacken
überall was hinzukacken
und macht immer wieder leise
unanständig braune Kreise –
Warte, freches Fräulein Fliege,
bis ich dich zu fassen kriege!

Ein Wurm

Indem er vorne Löcher beißt
und auf Latein zum Frühstück speist,
fühlt sich der Bücherwurm gelehrt
durch Buchstaben, die er verzehrt
mit einem Maul voll Wissbegier,
bis sie zurück aufs Druckpapier
in Form von stillen Fragezeichen
als Würstchen hinterwärts entweichen,

denn fleißig knuspernd immer fetter
am Alphabet der Bücherblätter
macht so ein Wurm ja doch nur Mist
aus aller Weisheit, die er frisst,
und windend sich auf Lebenszeit
durch Stille, Staub und Dunkelheit,
küsst niemals ihm des Himmels Licht
das längst erloschene Gesicht.

Pfui!

Elefanten machen Klöße
von Kanonenkugelgröße,
Mäuse aber süße kleine
schwarze Pünktchen. – Alle Schweine

machen Mist und Hunde Haufen,
Pferde äpfeln gleich beim Laufen,
Kühe machen einen Platsch
wie Spinat aus grünem Matsch,

aber Schmetterling und Mücken
können noch so lange drücken –
wegen ihres Leichtgewichts
machen sie am Ende – nichts.

Verwandtschaften

Gespenstische Verwandtschaft

Um Mitternacht bei schwerem Sturme
im Ahnensaal sich was bewegt,
bis gegenüber von dem Turme
des Schlosses Glocke warnend schlägt.
Ein Vorfahr – längst im Ruhestande –
sich wieder als Gespenst erhebt,
das klagend unterm Grabgewande
wie eine Motte tastend schwebt

zu allen Fenstern rings im Saale –
es scheint, dass der verwirrte Greis
im allzu schwachen Mondenstrahle
den Rückweg nicht zu finden weiß.
Bald schon auf gichtverkrümmten Zehen
sah morgens in dem eigenen Heim
man ihn entblößt und zitternd stehen,
bis sanft gestärkt vom Haferschleim

die einst aus ihm entstammte Sippe
mit Segnungen und Ritterspieß
das abgespeiste Urgerippe
gleich wieder in die Grube stieß.
– Nun ruht er still in der Kapelle,
wo so ein Trottel hingehört,
wenn er an unerwünschter Stelle
beim Frühstück die Familie stört.

Peinliche Verwandtschaft

Glaubte doch der Mensch, dass er
gottesebenbildlich wär –
bis durch Forschung ward bekannt,
näher ist der Mensch verwandt
mit den Affen! – Weil von denen
trennen ihn nur in den Genen
ein Prozent, will zuerkennen
man dem nunmehr majorennen

gleichberechtigten Geschlechte
allgemeine Menschenrechte
und begrüßt erfreut in ihnen
neue Vettern und Kusinen
mit den herzlichsten Shakehands,
womit homo sapiens
neuerdings macht tiefsinnig
statt zum Gott zum Affen sich.

Doch wenn Gottes Ebenbild
weiterhin so wüst und wild
voller Piercings und Tattoos
bricht die letzten der Tabus,
werden Affen sich genieren
und mit Nachdruck distanzieren
von der näheren Bekanntschaft
mit so peinlicher Verwandtschaft.

Verwandtschaft aus der Urzeit

Wer kennt die Gorgo Nopsia
aus Paläozoikum?
Es sind gelehrte Nomina
vom Kriechtier, das posthum

als Knochenrest versteckt im Sand
bis heute existiert
und sich mit uns entfernt verwandt
seit Urzeit ästimiert.

Gerollt wie ein Kartoffelkloß
auf abgeknickten Beinen,
will uns der Mops doch rücksichtslos
und aufdringlich erscheinen:

Es fehlten ihm auf jeden Fall
die einfachsten Manieren,
wenn urinierend überall
in seinen Jagdrevieren

er sich mit schiefem Hexenzahn
im Hinterhalt postierte
und fauchend wie ein Grobian
Passanten attackierte.

Doch wollte sich der Bösewicht
deswegen gar nicht schämen,
er selber sah von außen nicht
sein gräuliches Benehmen.

Uns könnte es ja ebenso
wie diesem Tier ergehen –
wir fühlen uns ganz comme il faut,
weil wir uns selbst nicht sehen.

Späte Liebe

Manche Damen hätten gern
jeden Tag als Stütze
einen aufmerksamen Herrn,
dass er sie beschütze:
Schauen rechts und schauen links,
aber finden keinen –
wenn sie alt sind, allerdings
kriegen sie noch einen,

welcher in Verschwiegenheit
und bewährter Treue
stets zu Diensten ist bereit.
Jede Nacht aufs Neue
steht er schweigend stundenlang
an der Lagerstätte
und begleitet manchen Gang
bis auf die Toilette.

Aber wenn die Sonne scheint,
geht man gern spazieren,
um sich öffentlich vereint
mal zu amüsieren,
wenn die Damen flott und fit
fast wie neugeboren
fest umarmen Schritt für Schritt
die Herren Rollatoren.

Nachruf

Oma saß in unseren Kinderzeiten
am Kamin mit Häkelhandarbeiten,
wenn es draußen wetterte und stürmte
und Frau Holle vor den Fenstern türmte
lautlos langsam steigend eine Wand
weich aus Schnee wie einst im Märchenland,
als verzaubert in den Rosenranken
Königs Tochter und das Schloss versanken.
– Doch der Sessel, wo sie saß, ist leer.
Omas gibt es nämlich gar nicht mehr!

Sie verreisen jedes Jahr erneut
und sind längst in alle Welt zerstreut,
seit geliftet sie wie neugeboren
sich verwandelt haben in Senioren,
die nach Hause Ansichtskarten schreiben
und dann bis auf weiteres verbleiben
mit den besten Grüßen als Tourist –
doch zu Hause werden sie vermisst!
Kein Computer könnte uns ersetzen
unsere Omas mit den Märchenschätzen.

Mit 65 Jahren begann Inge Rosemann humoristische Gedichte zu
schreiben. Inzwischen sind von ihr 13 Bücher erschienen.

Inge Rosemann wurde 1931 in Hannover geboren.
Nach dem Studium in Göttingen (Germanistik und Geschichte)
arbeitete sie als Lehrerin und Kinderkrankenschwester.
Ab 1974 lebte die Autorin auf Norderney –
nunmehr seit 2017 in Göttingen.

Nach den Erfahrungen als Rentnerin lautet ihre Devise:
Ich möchte werben für die Chancen des Alters und seine noch
nicht allgemein erkannten kreativen Möglichkeiten.

Außerdem erschienen von Inge Rosemann bei Books on Demand:

Unterwegs in der Postkutschenzeit.
Bilder von Carl Spitzweg mit Gedichten von Inge Rosemann,
3., überarb. Aufl., Norderstedt 2021, ISBN 978-3-7347-9064-5

Im Biedermeierstädtchen.
Bilder von Carl Spitzweg mit Gedichten von Inge Rosemann,
4., überarb. Aufl., Norderstedt 2021, ISBN 978-3-7386-2380-2

Liebesträume von Spitzweg
mit Gedichten von Inge Rosemann,
4., überarb. Aufl., Norderstedt 2020, ISBN 978-3-8423-6897-2

Bücherwurm und Kaktusfreund.
Bilder von Carl Spitzweg mit Gedichten von Inge Rosemann,
3., überarb. Aufl., Norderstedt 2020, ISBN 978-3-8482-1178-4

Reineke Fuchs.
Mit Stahlstichen nach Zeichnungen von
Wilhelm Kaulbach und Versen von Inge Rosemann,
4., überarb. Aufl., Norderstedt 2020, ISBN 978-3-8370-9366-7

Sternenstaub und Maulwurfshügel. Humoristische Gedichte von
Inge Rosemann, illustriert von Gesa Bodenstab,
10., überarb. Aufl., Norderstedt 2021, ISBN 978-3-8334-4125-7

Vater und Sohn.
Bildgeschichten von Erich Ohser mit Versen von Inge Rosemann,
Band 1, 6., überarb. Aufl., Norderstedt 2017, ISBN 978-3-8370-0960-6
Band 2, 5., überarb. Aufl., Norderstedt 2017, ISBN 978-3-8370-1764-9
Band 3, 5., überarb. Aufl., Norderstedt 2017, ISBN 978-3-8370-1767-0

Bildergeschichten von Wilhelm Busch mit Versen von Inge
Rosemann,
6., überarb. Aufl., Norderstedt 2018, ISBN 978-3-8334-4524-8

Pink persönlich. Humoristische Verse von Inge Rosemann,
8., überarb. Aufl., Norderstedt 2019, ISBN 978-3-8391-0995-3

Besuch aus der Urzeit. Norderneyer Abenteuer.
Phantastische Geschichte von Begegnungen mit merkwürdigen
Tieren am Meeresstrand, einem großen Ei und dem
Riesendrachen,
2., überarb. Aufl., Norderstedt 2014, ISBN 978-3-7322-8474-0